리콴유가 말하다

누가 NO.1이 될 것인가? 중국인가, 미국인가?

리콴유가 말하다

초판 1쇄 발행 2015년 7월 17일
 4쇄 발행 2023년 11월 11일

지은이 Graham Allison, Robert D. Blackwill, Ali Wyne • **번역·감수** 석동연 • **발행인** 권선복
편집주간 김정웅 • **편집** 권보송 • **디자인** 김소영 • **전자책** 신미경 • **마케팅** 정희철
발행처 도서출판 행복에너지 • **출판등록** 제315-2011-000035호
주소 (157-010) 서울특별시 강서구 화곡로 232 • **전화** 0505-613-6133 • **팩스** 0303-0799-1560
홈페이지 www.happybook.or.kr • **이메일** ksbdata@daum.net

값 17,000원
ISBN 979-11-5602-268-8   (03340)

도서출판 행복에너지는 독자 여러분의 아이디어와 원고 투고를 기다립니다. 책으로 만들기를
원하는 콘텐츠가 있으신 분은 이메일이나 홈페이지를 통해 간단한 기획서와 기획의도,
연락처 등을 보내주십시오. 행복에너지의 문은 언제나 활짝 열려 있습니다.

The Grand Master's Insights on China, the United States, and the World

리콴유가 말하다

누가 NO.1이 될 것인가? 중국인가, 미국인가?

Graham Allison, Robert D. Blackwill, Ali Wyne 지음 / **석동연** 번역 · 감수

도서
출판 행복에너지

Contents

서문

　지난 반세기 동안 나는 많은 세계 지도자들을 만나볼 수 있었던 영광을 누렸다. 하지만 그 가운데 어느 누구도 싱가포르의 초대 총리이자 정신적 지도자인 리콴유만큼 내게 가르침을 준 사람은 없었다. 위대한 개인이 역사를 만드는지 아니면 역사가 위인을 만드는지에 대한 오래된 입씨름도, 남달리 뛰어난 지성과 판단력을 갖춘 리콴유에 이르러서는 그 답이 명쾌해진다.

　동남아시아에서 가장 작은 나라인 싱가포르는 사실 가까스로 독립국 지위를 유지해낸다 하더라도 주변 강국들의 속국 신세로 전락할 운명으로 보였다. 그러나 리콴유의 생각은 달랐다. 단순히 살아남는 나라로 머물지 않고 이웃나라를 능가하는 성공적인 국가를 세우는 것이 그의 비전이었다. 그는 탁월한 지혜와 규율 그리고 창의력으로 자원 부족을 대체할 수 있을 것으로 보았다. 리콴유는 아무도 생각조차 못 했던 일을 함께하자고 국민들에게 호소했다. 먼저 도시 청소부터 시작하여 건국 초기 이웃 나라들의 적대감과 내부의 민족 분규를 뛰어난 역량으로 극복하는 데 국민의 힘을 결집시켰다. 오늘날의 싱가포르는 바로 그가 이루어낸 업적을 증명하고 있다.

리콴유가 취임할 당시 400달러 정도였던 1인당 국민소득이 지금은 5만 달러가 넘는다. 그는 여러 언어를 쓰는 나라를 아시아-태평양 지역의 지식과 기술의 중심으로 바꿔놓았다. 리콴유의 지도력 덕분에 중간 크기의 도시국가가 특히 환태평양 다자 관계에 중요한 몫을 담당하는 국제적인 경제 강국이 되었다.

그 과정에서 리콴유는 미국의 둘도 없는 친구가 되었는데, 그것은 그가 대표하는 권력보다는 그의 뛰어난 지성 때문이었다. 그의 분석은 그 수준이나 깊이에 있어서 얼마나 뛰어났던지 그가 상대하는 사람들은 그와의 만남을 교육의 기회로 여길 정도였다. 세대가 세 번 바뀌는 동안 리콴유가 워싱턴을 방문할 때마다 미국 정부 및 대외정책 담당 분야의 최고위급 인사들이 줄지어서 그를 만난다. 이들의 논의는 깊은 존경심과 오랫동안 공유한 경험이 있기 때문에 보기 드물 정도로 진솔한 분위기에서 이루어진다. 그와 마주해본 미국 대통령은 다들 국제 문제와 관련하여 자국의 미래를 자유민주진영의 운명과 동일 선상에 두는 그에게서 많은 것을 배웠다. 리콴유는 우리가 직면한 이 세계의 본질을 설명해줄 수 있는 탁월한 능력을 지녔으며, 특히 자신이 속한 지역의 분석에서 날카로운 통찰력을 보여준다.

중국을 포함하여 아시아 지역과 근본적, 유기적 관계를 구축한다는 미국의 가장 중요한 장기 과제에 리콴유의 분석은 빛을 던져준다. 우리에게 이런 과정에서 나타나는 문제의 성격과 범위에 대해 리콴유보다 더 잘 가르쳐 줄 사람은 아무도 없다. 하지만 이 책에서 보여주듯이 그의 통찰이 미치는 범위는 미-중 관계를 훨씬 더 넘어서며, 사실상 국제 관계의 모든 난제를 아우른다. 이 책의 독자들은 왜 리콴유가 우리 시대의 대단히 중요한 지도자이자 탁월한 전략적 감각을 지닌 사상가로 인정받는지 그 까닭을 곧 알게 될 것이다.

– 헨리 A. 키신저
2012년 4월 뉴욕에서

리콴유,
그는 누구인가

전략가 중 전략가

지도자 중 지도자

멘토 중 멘토

리콴유가 입을 열면
귀를 기울이는 지도자들

대통령들

버락 오바마 미국 대통령 (2009~2015 현재)

리콴유는 "20세기와 21세기 아시아의 전설적 인물 중 한 분이다. 그는 아시아 경제 기적을 일으키는 데 기여한 대단한 분이다." (2009년 10월 29일)

빌 클린턴 제42대 미국 대통령 (1993~2001)

"공직자로서의 리콴유의 삶은 독특하면서도 특출하다. 총리로서 그리고 지금은 고문장관으로서 그는 수백만 싱가포르 국민과 나아가 모든 동남아시아인이 더 윤택하고 풍요로운 삶을 살게 하는 데 혁혁히 기여했다. 아세안(동남아시아국가연합) 지도자들이 리콴유가 남긴 출중한 업적을 계승하여 발전시키기를 바란다. 내가 대단히 존경해 마지않는 분께 영예를 드린 '미국–아세안 비즈니스 협의회'에 감사드린다." (2009년 10월 27일)

조지 H. W. 부시 제41대 미국 대통령 (1989~1993)
"오랜 공직 생활을 하면서 그동안 나는 명석하고 능력 있는 사람들을 많이 만나 봤다. 그러나 리콴유보다 더 깊은 인상을 남겨준 사람은 아무도 없었다." (2011년, 리콴유 저 〈일생의 도전 – 싱가포르 이중언어의 길〉 추천사)

자크 시라크 프랑스 대통령 (1995~2007)
"리콴유는 자신의 주위에 가장 명석한 인재를 모아, 가장 엄정한 기준으로 정부 제도를 편성했다. 그의 지휘에 따라 싱가포르 국민은 공익 우선과 교육 · 근로 · 절약 중시의 기풍을 함양하고, 미래 예측 · 대처 능력을 배양하여 '번영의 지름길'로 나아갈 수 있었다." (2000년, 리콴유 저 〈제3세계에서 제1세계로 – 1965~2000 싱가포르 이야기〉 추천사)

F. W. 드 클러크 남아프리카공화국 대통령 (1989~1994)

"내게 가장 뚜렷한 인상을 주었다고 기억하는 지도자는 싱가포르의 리콴유였다. 그는 역사의 흐름을 바꿔놓은 인물이었다. 리콴유는 자신의 나라를 위해 올바른 결정을 했으며, 사회가 성공적으로 발전해나갈 수 있도록 올바른 가치관과 올바른 경제 정책을 선택했다. 이런 맥락에서 그는 사회라는 가장 큰 캔버스에 그림을 그리는 화가였다. 그는 세계 정세에 대한 날카로운 안목의 소유자였는데 그와 만났던 1990년대 초 당시 남아공의 상황에 대해 매우 통찰력 있고 현실적인 분석을 해주기도 했다." (2012년 3월 30일)

중국의 지도자

시진핑 중국 국가주석 (차기)

리콴유는 "우리가 존경하는 원로"이시다. "오늘날까지 우리 두 나라 관계 증진을 위해 피곤을 잊은 채 일하시는 선생께 진심으로 경의를 표한다. 우리는 양국 관계를 위해 애써온 선생의 막중한 헌신을 결코 잊지 않을 것이다." (2011년 5월 23일)

다른 정부 수반들

토니 블레어 영국 총리 (1997~2007)
리콴유는 "지금까지 내가 만나본 가장 명석한 지도자로 기억한다."(2010년 블레어 저 〈토니 블레어의 여정〉)

존 메이저 영국 총리 (1990~1997)
"리콴유는 현대 싱가포르의 국부로 일컬어지기에 손색이 없다. 그가 추진해온 정책들은 아시아 각국이 따라 하고 있으며 싱가포르의 위상과 대외 인지도를 크게 끌어 올렸다. 그가 이룬 업적은 계속 이어질 것이다."(2010년 톰 플레이트 저 〈리콴유와의 대화〉에 대한 논평)

마거릿 대처 영국 총리 (1979~1990)
"재직 중, 나는 리콴유의 연설을 모두 읽고 분석했다. 그는 안개처럼 모호한 수사를 걷어내고 명확한 표현으로 우리 시대의 문제와 해결책을 제시했다. 그는 틀리는 법이 없었다." (2000년, 리콴유 저 〈제3세계에서 제1세계로 - 1965~2000 싱가포르 이야기〉 추천사)

헬무트 슈미트 독일 총리 (1974~1982)

"내 친구 리콴유를 알고부터 나는 늘 그의 명석한 지성과 올곧은 식견에 큰 감명을 받았다. 정치인으로서, 국가지도자로서 그가 일생 동안 이룬 업적은 출중하다. 오늘날의 싱가포르가 보여준 경제적, 사회적 성취의 뿌리는 싱가포르 국민의 다양한 민족 구성에 적합한 정치 제도를 확립한 그의 능력에 깊이 자리 잡고 있다. 이 책은 그가 지닌 혜안과 능력을 다시 한번 입증한다." (2011년, 리콴유 저 〈일생의 도전 – 싱가포르 이중언어의 길〉 추천사)

글로벌 기업 및 경제 기구의 대표들

루퍼트 머독 뉴스 코포레이션 회장 겸 CEO

"40여 년 전, 리콴유는 빈곤에 찌들고 쇠락한 식민지를 부강한 현대식 중심 도시로 눈부시게 바꿔놓았다. 더구나 적대적인 강국들에 둘러싸인 상태에서 그런 일을 해낸 것이다. 명석하고 날카로운 지성을 갖춘 그는 세계에서 가장 존경 받으면서 영향력 있는 발언을 하는 국가지도자 가운데 한 분이다. 이 책은 현대 아시아를 공부하는 학생들의 '필독서'이다." (2000년, 리콴유 저 〈제3세계에서 제1세계로 – 1965~2000 싱가포르 이야기〉 추천사)

존 체임버스 시스코 시스템즈 회장 겸 CEO

"사람을 평등하게 해주는 것 두 가지가 있으니 인터넷과 교육이 바로 그것이다. 리콴유는 이 점을 간파하고 싱가포르가 인터넷 경제 환경에서도 살아남고 성공할 수 있도록 인터넷의 힘을 활용한 세계적 지도자이다." (2000년, 리콴유 저 〈제3세계에서 제1세계로 - 1965~2000 싱가포르 이야기〉의 추천사)

샘 팔미사노 IBM 회장

"리콴유 공공정책대학원에 와보게 된 것을 정말 기쁘게 생각한다. 특히 내게는 그 의미가 남달랐는데, 내가 아주 많은 것을 배우고 특별히 흠모했던 선생님이 바로 리콴유 고문장관이기 때문이다. 엄청난 통찰력을 지닌 그는 내게 중국, 인도 및 아시아 전반에 대해 많은 가르침을 주었다." (2011년 2월 1일)

렉스 틸러슨 엑손모빌 회장 겸 CEO 사장

"여러 해 동안 장관님은 기꺼이 정부 지도자들과 저를 포함한 기업 경영인들의 멘토가 되어 주셨습니다. 오늘 포드극장 링컨 메달은 에이브러햄 링컨 대통령이 구현한 유업과 용기의 귀감이 되는 분께 드립니다. 현대 역사에서 오늘 저녁 이 자리에 계신 수상자보다 더 이 기준에 합당한 지도자는 찾아보기 힘듭니다. 링컨 대통령은 "비범한 천재는 사람들이 많이 다니는 길은 거들떠보지 않는다"고 말한 적이 있습니다. 싱가포르 국민들에게 리콴유는 자신의 나라에 대한 과감한 비전을 지닌, 그런 비범한 지도자였습니다. 그는 다른 많은 나라들이 택한 보호주의라는 좁은 길로 국민들을 이끌어 간 것이 아니라 글로벌 경영과 경제적 경쟁력이라는 넓은 길로 이끌어 간 것입니다." (2011년 10월 18일)

로버트 졸릭 세계은행 총재 (2007~2012)

"여러 해 전, 리콴유 대학원에 대한 얘기를 듣자마자 나는 어떻게든 꼭 한 번 가보고 싶다고 생각했다. 지도자로서 그가 세계에 남긴 거대한 족적을 이보다 더 잘 보여줄 증거를 나는 달리 생각해내지 못하겠기 때문이다." (2008년 12월 18일)

제임스 울펀슨 세계은행 총재 (1995~2005)

"나는 리콴유 고문장관의 자문역을 맡은 적이 있다. 내가 싱가포르로 출장을 가야 하는 일이라서 아주 힘들었는데, 매번 고문장관님께 무엇인가를 얘기하려고 하면 내 말을 끊고 내가 하려던 말을 그분이 다 했다. 그리고 나는 다시 미국으로 돌아와 그가 해준 조언을 잘 써먹었다. 고문장관님, 그 모든 가르침을 제게 주셔서 깊이 감사드립니다. 저는 장관님께 조언을 드리려고 나름 노력했습니다. 하지만 정작 가르침을 준 이는 장관님이

셨습니다." (2007년 7월 10일)

무타르 켄트 코카콜라 회장 겸 CEO

"역사는 리콴유 각하처럼 조국을 위해, 동남아시아를 위해 그토록 많은 일을 해낸 지도자는 드물었다고 기록할 것이다. 아세안의 성장과 진화를 이끄는 구동력으로서 리콴유는 또한 수백만 동남아시아 사람들이 평화로운 환경에서 경제 성장의 과실을 누리면서 살 수 있도록 도왔다." (2009년 10월 27일)

데이비드 로스코프 가르텐 로스코프 사장 겸 CEO

"여러분도 다른 많은 방문객들처럼, 1965년까지는 진정한 독립 국가로서 존재조차 하지 않았던 이 작은 섬 싱가포르가 세계에서 가장 잘 운영되는 도시가 아닐지, 어쩌면 고대 그리스인들과 싱가포르의 건국자 리콴유가 도시국가를 세우기로 한 데는 우연이 아닌 뭔가가 있지 않았을까 하는 생각을 품었을 것이다. 싱가포르를 이끌었던 반세기를 거치면서 리콴유는 때로 논란의 여지가 있는 지도자로 여겨지는 경우도 있겠지만 세계에서 가장 영향력 있는 지도자 가운데 하나로 떠올랐다." (2012년 로스코프 저 〈Power, Inc.〉)

고위 정책입안자들

힐러리 클린턴 미국 국무장관 (2009~2013)
"저는 오늘 고문장관님을 이곳 백악관으로 모시게 되어 매우
기쁩니다. 싱가포르는 많은 주요 이슈에서 우리의 소중한 오랜
파트너입니다. 그리고 장관님, 제 생각에 장관님을 흠모하는
이들이 대단히 많은 것은 당연하다고 봅니다. 장관님은 이 자
리에서 일생의 업적에 대해 주어지는 중요한 상(미국-아세안 비즈
니스 협의회의 평생공로상)을 받으시게 되며, 저는 많은 미국인들과
함께 장관님의 공로에 감사드립니다." (2009년 10월 26일)

조지 슐츠 미국 국무장관 (1982~1989)
"장관님은 행동으로, 말씀으로, 그리고 언행일치의 실천으로
우리 모두에서 너무나 많은 것을 가르쳐 주었습니다. 고맙습
니다." (2009년 10월 27일)

매들린 올브라이트 미국 국무장관 (1997~2001)
"내가 오랫동안 만나본 사람 가운데 가장 현대적, 전략적 식
견을 갖춘 인물이다." (1997년 7월 30일)

즈비그뉴 브레진스키 미국 국가안보보좌관 (1977~1981)
"그는 세계 지도자 가운데 가장 지적으로 명석한 지도자로
꼽힌다. 거의 모든 국제 문제에 대해서 거침없이 상세하고 통
찰력 있게 설명할 수 있는 인물이다. 아시아 정세에 대단히 밝
은 그는 미국의 아시아 정책 및 역할 변화와 관련하여 아시아
적 통찰을 우리에게 솔직하게 전해준다." (1977년 9월 16일)

래리 서머스 미국 국가경제자문회의 의장 (2009~2010)
및 미국 재무장관 (1999~2001)
"리콴유의 발언 순서 직전에 거버넌스라는 주제에 대해 발언
하기란 여간 주눅 드는 일이 아니다." (2006년 9월 15일)

로버트 루빈 미국 재무장관 (1995~1999)
"리콴유는 지정학적 문제와 문화적 문제에 매우 정통하다.
아시아 금융 위기 당시 리콴유 선임장관을 알게 되었는데, 당
시 그는 엄청난 깊이의 지정학적 이해와 지역 문제 파악력을
보여주었다." (2003년 로버트 루빈, 제이콥 와이스버그 공저 〈글로벌 경제
의 위기와 미국〉)

조지프 나이 미국 국가정보위원회 의장 (1993~1994)
"오늘날 싱가포르는 부강하며 번영하는 나라다. 세계의 다른

나라들도 싱가포르가 이룩한 것처럼 해낼 수 있다면 세계는 훨씬 더 번영하는 곳이 될 것이다. 그는 원대한 비전으로 앞을 내다보고 생각하기를 멈추지 않는 사람이다. 세계 각지의 존경 받는 원로 국가지도자들이 그의 의견을 구한다." (2000년 10월 17일)

논평가들

니콜라스 크리스토프 뉴욕 타임스 칼럼니스트

"터키의 케말 아타튀르크, 러시아의 레닌, 중국의 덩샤오핑과 같이 다른 지도자들도 국가를 개조했다. 하지만 자국민들에게 리콴유보다 더 깊은 인상을 남긴 지도자는 없었다. 그와 생각이 다르더라도 그만큼 불관용주의와 권위주의 체제를 분명하고 호소력 있게 대변한 사람은 없었다는 점은 인정하지 않을 수 없다. 이 책 『제3세계에서 제1세계로』는 풍성한 회고록이며 걸출했던 한 인물이 남긴 유산이다. 그리고 여러 면에서 이 책은 리콴유와 같다. 명석하며 사려 깊은가 하면 직설적이며 도발적이기도 하다." (2000년 11월 5일)

데이비드 이그나티어스 워싱턴 포스트 칼럼니스트

"25년 이상 언론인 생활을 하면서 내가 인터뷰한 정치인 가운데 그가 아마도 가장 똑똑한 인물일 것이다." (2002년 9월 28일)

파리드 자카리아 타임지 편집장

"리콴유가 떠안게 된 영토는 동남아시아의 아주 작은 땅덩어리였다. 그곳은 엄청난 투쟁과 고난 끝에 1965년 독립하게 됐지만 아무런 자원도 없는 데다 중국인, 말레이시아인, 인도인 노동자들로 이루어진 다언어 사용 지역이었다. 그는 이곳을 세계의 경제 중심지 가운데 하나로 바꿔 놓았다. 이를 위해 리콴유는 현명한 경제 정책과 함께 기민한 대외 정책도 세워야만 했다. 그는 지금도 재론의 여지가 없는 싱가포르의 국부이다. 나는 중국, 러시아, 미국 등 세계에 대한 그의 이해가 대단히 깊고 그가 85세의 고령이라는 사실에 큰 충격을 받았다." (2008년 9월 21일)

머리말

　지난 반세기의 국가지도자 가운데 리콴유는 독특한 인물이다. 50여 년 동안 싱가포르의 '국부'이자 영도자로서 그는 빈곤과 부패에 찌든 도시국가를 떠맡아 현대적 국가를 세웠다. 현재 이 나라 사람들의 소득 수준은 대다수 미국인보다 더 높다. 리콴유는 이러한 변화를 입안하고 주도적으로 실천하였기 때문에 그 의미를 누구보다 잘 안다.

　한 세대에 걸쳐 미국과 중국을 포함한 세계 각국의 지도자들이 앞다투어 '싱가포르의 현인'을 찾아 국제 현안에 대해 의견을 묻고, 자문을 구하고, 주의 깊게 경청했다. 헨리 키신저와 함께 '중국 개방'을 구상하던 1971년~72년 당시의 리처드 닉슨 대통령으로부터 시작하여 버락 오바마 대통령에 이르기까지 모든 미국 대통령들은 아시아를 방문할 때 일부러 싱가포르에 꼭 들르고, 리콴유가 미국을 방문하면 꼭 백악관 집무실로 초대해서 환대했다. 덩샤오핑이 30년 연속 두 자릿수 성장을 실현시킨 사회주의 시장경제로 이행하는 과감한 개혁개방을 처음 구상하던 시절부터 후진타오와 시진핑에 이르기까지 리콴유는 중국 지도자들에게 외국인으로서는 가장 큰 영향을 준 자문 역이었다.

이런 강대국들 외에도 국가 존립이 국경 밖 상황에 얼마나 기민하게 대처하는지에 달려 있는 이스라엘 같은 작은 나라들도 리콴유에게서 통찰과 지혜를 얻을 수 있었다. 하루아침에 신생 독립국의 지도자가 된 카자흐스탄의 누르술탄 나자르바예프[i]를 비롯하여 아랍 에미리트 연합국의 셰이크 칼리파 빈 자이드[ii], 르완다의 폴 카가메[iii] 등 힘겨운 도전을 맞은 수십 명의 지도자들이 리콴유에게서 전략적 좌표를 구해 자국이 직면한 국제 관계의 난제를 헤쳐 나갈 방도를 찾았다.

역자주)

i) 1991년 12월 소련으로부터 독립한 카자흐스탄의 초대 대통령으로 선출되어 2015년 현재까지 장기 집권 중임.

ii) 2004년 11월 아랍에미리트의 대통령으로 취임함.

iii) 2000년 4월 투치족 출신으로 대통령에 취임함. 르완다는 투치족(소수민족)과 후투족(다수민족) 간의 인종갈등으로 1994년 투치족 80여만 명이 학살되었으며 이 학살극은 폴 카가메가 이끄는 투치족 반군이 정권을 장악하면서 끝났다.

지난 50년 동안 리콴유가 이룬 업적과 공로는 주목받아 마땅하지만 이 작은 책자의 목적은 그 시대를 돌아보는 데 있지 않다. 그보다는 미래와 미국이 향후 4반세기 동안 직면하게 될 구체적인 도전과제에 초점을 맞추었다. 우리 필자들은 2013년 1월 20일 대통령 취임 선서를 할 인물이 가장 먼저 관심을 두게 될 문제가 무엇일까 상상해보려고 했으며, 또 그에 대해 리콴유가 그 자신의 표현으로 들려주는 가장 직접적인 답을 정리해보려고 했다. 우리는 그런 답이 미국의 대외 정책 입안자들뿐만 아니라, 주요 세계 동향에 대한 예상을 근거로 한정된 재원과 그보다 더 한정된 시간을 투자하고 있는 미국의 재계 및 시민 사회 지도자들에게도 가치 있을 것이라고 확신한다. 리콴유와의 인터뷰를 성사시키고 진행하는 데 도움을 준 앤서니 탠(Anthony Tan)과 영윤잉(Yeong Yoon Ying)에게 고마움을 전한다.

이 머리말에 이어질 열 개의 장은 먼저 중국의 부상에 관한 장으로 시작하는데, 이 주제는 리콴유가 다른 어떤 국외 관측통이나 분석가보다도 더 정통한 분야이다. 중국은 아시아에서, 그리고 그 후에는 세계에서 미국의 최강국 지위에 도전할 것인가? 대부분의 정책 입안자들이나 전문가들은 이 질문에 모호한 표현과 추상적인 표현을 섞어 두리뭉실하게 답변한다. 그러나 리콴유는 형식적이고 신중한 표현은 다 걷어내고 이렇게 답한다. "물론이다. 중국인들을 다시 깨운 운명에 대한 자각은 그 힘이 압도적이다. 중국의 의도는 세계 최강국이 되는 것이며, 서방의 명예회원국이 아니라 중국 그 자체로서 받아들여지는 것이다."

이어 필자들은 미국의 미래 그리고 21세기 국제 정치의 국면을 형성할 미-중 관계에 대해 질문을 해본다. 이 두 강대국 사이에 리콴유는 대결 구도가 있음을 내다본다. "영향력 확보를 두고 다툴 것이다. 양국 간의 경쟁은 불가피하다." 그러나 비관적인 현실주의자들과 달리 리콴유는 양국 지도자들이 이성적 판단을 하는 한 대결이 불가피하지 않다고 본다.

그 다음 장들에서는 우선 인도, 이슬람 극단주의, 지역정세와 세계화, 민주주의 등의 주제를 다룬다. 각 장은 핵심 질문을 먼저 제기한 다음, 리콴유의 답변을 간명하게 요약하여 제시한다. 그런 답변 가운데 다수는 날이 서있는데, 이는 리콴유가 선천적으로 "정치적으로 온당한 표현"에 대해서는 큰 관심을 두지 않으며 논란의 대상이 되는 것에 결코 위축되지 않기 때문이다. 우리는 대통령들과 최측근 보좌관들이 듣고 배워야 할 것이 우리의 의견이 아니라 리콴유의 의견이라는 사실을 상기함으로써 이 책의 저자와 기획자로서 우리 자신의 견해를 제시하거나 논평해보려는 유혹을 억눌렀다.

우리는 리콴유의 주요 통찰과 핵심 주장을 간추려 쉽게 살펴

볼 수 있도록 했다. 그렇다고 이 책이 그리 쉽게 읽고 넘길 책이라는 말은 아니다. 이 책의 각 페이지에 있는 모든 단어 하나하나가 읽을 가치가 있다고 우리는 확신한다. 물론 그런 판단은 독자의 몫이다. 그래도 우리는 이 책을 단숨에 빨리 훑어보려 했던 독자들도 리콴유의 말에 귀기울이다 보면 놀랍기도 하고 충격적이기도 하지만 하나같이 새로운 깨우침을 주는 그의 주장에 대해 애초 생각했던 것보다 더 많은 시간을 들여가며 곰곰이 생각해보게 되지 않을까 짐작한다.

이 책을 준비하며 리콴유의 말에 귀를 기울이고 그의 방대한 저술과 인터뷰, 연설문을 숙독하는 기회를 가져본 것은 예상보다도 훨씬 큰 보람이 있었다. 이 책을 통해 독자들도 그 풍성한 향연의 일부나마 즐길 수 있다면 필자들의 소망은 이루어진 셈이다.

번역·감수자 서문

　싱가포르의 국부(國父)로 추앙받는 리콴유(李光耀)전 총리가 2015년 3월 23일 91세를 일기로 서거했다. 1959년 싱가포르의 초대 총리로 취임하여 1990년까지 31년간 총리로 재임하면서 신생국 싱가포르의 설계사로서 나라의 기초를 확고히 다졌으며 그 후에도 2011년까지 선임장관·고문장관으로서 커다란 영향력을 행사하며 싱가포르를 오늘날까지 이끌었다.

　총리로 취임할 당시 1인당 국내총생산(GDP) 400달러에 불과했던 가난한 어촌이 세계적인 물류·금융·비지니스의 중심지로 변모되었고, 이제 1인당 GDP가 5만 6천 달러를 넘어섰으며 부정부패 없는 청렴한 나라로 전 세계에 우뚝 섰다. 그의 탁월하고 강력한 리더십하에 이루어진 놀라운 성과이다.

　덩샤오핑 이래 시진핑에 이르기까지 모든 중국지도자들과 린든 존슨부터 오바마에 이르기까지 역대 미국대통령들이 그리고 여러나라의 많은 지도자들이 그로부터 국가경영과 국제 현안에 대해 지혜를 구했다. 한국과의 인연도 각별하다. 박정희 전 대통령을 비롯해 김대중 전 대통령, 박근혜 대통령(영애 및 정치인 시절) 등 각계 지도자들과 폭넓게 만나 고견을 나누었다.

리콴유는 덩샤오핑에게 개혁개방의 길을 제시했으며 2007년 10월 중국 공산당대회에서 중국의 차기 최고지도자로 결정된 시진핑이 이후 처음으로 만난 외국인사가 다름 아닌 리콴유였다. 그는 인구 500만의 조그만 도시국가의 지도자가 아니라 세계 역사의 흐름을 바꾼 세계적 지도자였다.

그는 한강의 기적을 만든 박정희 전 대통령 그리고 중국 개혁개방의 총설계사 덩샤오핑과 함께 권위주의 정치체제하에서 빠른 경제성장을 이끌어낸 아시아의 상징적 지도자이다. 1999년 타임지는 '20세기 아시아에 있어 가장 영향력 있던 인물 20인'에 리콴유 전 총리와 박정희 전 대통령을 나란히 선정하기도 했다.

그에 대해서는 평가가 극단적으로 엇갈린다. 그의 탁월한 통찰력과 강력한 추진력, 실용주의 등 국가최고지도자로서의 뛰어난 역량은 높이 평가받고 있지만 언론 규제, 자유 억압, 강권 통치, 총리 '세습' 등으로 호된 비판을 받기도 한다.

이 책은 하버드 대학의 그래엄 앨리슨 교수, 로버트 블랙윌 외교협회 연구위원이 리콴유 전 총리와의 인터뷰, 그의 저서와 연설문을 편집하여 출간한 책이다. 편저자들은 제1장에서 9장까지 총 70개의 날카로운 질문을 던지며, 이에 대해 그는 명쾌하고 직설적이며 때로는 도발적인 답변을 하고 있다. 도처에 실용주의자로서의 그의 진면목이 잘 드러나 있으며 깊이 있는 세계관과 지도자관을 음미할 수 있다.

무엇보다 오늘날 국제관계를 형성하는 주역인 미국, 중국, 러시아, 인도의 미래에 대한 그의 깊은 이해와 통찰력이 놀랍기만 하다. 제3장에서는 미중관계의 미래에 대한 그의 탁월한 견해를 접할 수 있다. 미국과 중국 사이에서 외교를 하는데 고심하고 있는 한국에게는 도움을 많이 줄 수 있다고 믿는다.

이 책의 초점은 지난날을 되돌아보는 데 있지 않고 미래와 다가오는 도전과제에 맞추어져 있다. 이 책이 거센 파도를 헤치고 앞으로 전진해야 하는 대한민국호의 선장과 선원, 승객 모두에게 나침반의 역할을 하고 길잡이가 되기를 소망한다.

2015. 6

석동연

제1장

中

중국의 미래
The Future of China

중국의 지도자들은 아시아 혹은 세계의 제1강대국으로서 미국을 대체하는 것에 대해 진지하게 생각하고 있는가? 제1강대국이란 무슨 의미인가? 중국이 아시아의 맹주가 된다면 다른 나라들에 대한 중국의 행태는 어떻게 될 것인가? 제1강대국이 되기 위한 중국의 전략은 무엇인가? 그런 전략을 추진하는 데 있어 주요 장애물은 무엇인가? 중국 지도자들은 아시아 및 나아가 세계 최고의 지위를 획득하는 것에 대해 어느 정도로 긴박하게 느끼고 있는가? 중국 지도자들은 중국이 제1강대국이 된 후 아시아에서 미국의 역할 변화를 어떻게 볼 것인가? 중국이 30년간 유지해온 두 자릿수 성장은 향후 몇 십 년간 지속될 것인가? 중국은 민주국가가 될 것인가? 중국이 정말로 제1강대국이 될 것인가? 시진핑을 어떻게 평가해야 하는가? 이런 질문은 아시아와 세계 역사의 진전에 핵심이 될 것이다. 이 장에 실린 리콴유의 사려깊은 답변은 수십 년간 중국과 그 지도자들을 관찰하고 분석한 것을 반영하고 있다.

중국의 지도자들은 아시아 혹은 세계의 제1강대국으로서 미국을 대체하는 것에 대해 진지하게 생각하고 있는가?

물론이다. 안 그럴 이유가 어디 있나? 중국 지도자들은 경제 기적을 통해 가난한 사회를 이제 세계 제2위의 경제대국으로 바꿔 놓았다. 골드만 삭스가 예상한 것처럼 향후 20년 내에 중국은 세계 최대의 경제대국이 될 것이다. 중국은 유인 우주 탐사와 인공위성 요격 미사일 등 우주 경쟁에서도 미국의 뒤를 바짝 쫓고 있다. 중국은 4천 년의 문화 전통과 13억 인구가 있으며 매우 재능이 뛰어난 인재 풀이 있다. 그런 중국이 어떻게 아시아 제1강대국을, 그리고 그 후 세계 제1강대국을 염원하지 않을 수 있겠는가?[1]

오늘날 중국은 세계에서 가장 빠른 속도로 발전하는 나라다. 50년 전에는 상상조차 할 수 없었던 발전 속도로 아무도 예측하지 못한 놀라운 변화를 일궈냈다. 중국인들의 기대치와 포부도 그에 따라 커졌다. 중국인들은 모두 부강한 중국을 바라고 있으며, 미국이나 유럽, 일본처럼 번영하고 발전한 나라, 기술 강국이 되길 바라고 있다. 이처럼 중국인들을 다시 깨운 운명에 대한 자각은 그 힘이 압도적이다.[2]

중국인들은 미국과 동등한 자격으로 이 21세기를 함께 나누고자 할 것이다.[3]

중국의 의도는 세계 최강국이 되는 것이다. 모든 정부, 특히 이웃 국가들의 대중국 정책은 이 점을 이미 염두에 두고 있다. 이 정부들은 중국의 핵심 이익이 걸린 문제에서 중국을 방해

한다면 그에 따른 대가를 치러야 할 것임을 알기 때문에 그들의 입장을 재설정하고 있다. 중국은 소득과 구매력이 계속 증대하고 있는 13억 인구의 자국 시장에 대한 진입을 거부함으로써 간단하게 경제 제재를 가할 수 있다.[4]

다른 신흥 국가들과는 달리 중국은 중국이기를 바라며, 중국이 서방세계의 한낱 명예회원국이 아닌, 중국 그 자체로서 받아들여지길 바란다.[5]

⊞

제1강대국이란 무슨 의미인가? 중국이 아시아의 맹주가 된다면 다른 나라들에 대한 중국의 행태는 어떻게 될 것인가?

중국인의 머릿속 한 가운데에는 반식민지화, 그에 따른 착취와 굴욕을 겪기 이전의 자신들의 세계가 있다. 중국어로 "중앙 왕국"을 뜻하는 중국이라는 이름 자체가 중국이 동아시아를 주도하고 다른 나라들은 신하가 군주를 섬기듯 중국을 대했던 세계를 떠올리게 한다. 이런 속국의 봉신들은 베이징으로 조공을 가져왔으며, 일례로, 브루나이의 술탄은 공물로 비단을 가지고 중국에 왔다가 4세기 전 베이징에서 사망했으며

현재 베이징에 그 사당이 남아 있다.[6]

산업화되고 강대해진 중국이 1945년 이래 미국이 그러했듯 동남아시아에 우호적으로 대할 것인가? 싱가포르는 확신하지 못하겠다. 브루나이, 인도네시아, 말레이시아, 필리핀, 태국, 베트남 같은 나라들도 그렇다. 우리는 이미 더욱 자신만만하여 스스럼없이 강한 태도를 취하는 중국을 보고 있다.[7]

미국의 우려는 중국이 미국의 주도적 지위에 도전할 수 있게 될 경우 어떤 성격의 세계를 미국이 직면하게 될 것인가에 있다. 아시아의 많은 중소 국가들 역시 우려하고 있다. 이들은 예전 중국이 수 세기 동안 그랬던 것처럼 제왕적 지위를 다시 차지하려 할지도 모른다는 의구심을 갖고 있으며, 과거와 같이 중국에 조공을 바쳐야 하는 속국으로 취급될까 불안해한다.[8]

중국인들은 그들의 영향력이 커짐에 따라 우리 싱가포르인들이 그들을 좀 더 존중하기를 기대한다. 그러면서 말은 "나라가 크든 작든 다 평등하다, 우리는 패권국이 아니다"라고 한다. 하지만 정작 중국인들이 싫어하는 일을 우리가 하면 우리더러 13억의 심기를 불편하게 했다고 불평한다. 알아서 분수에 맞게 처신하라는 경고인 셈이다.[9]

제1강대국이 되기 위한 중국의 전략은 무엇인가?

중국인들은 최고의 전략은 강하고 번영하는 미래를 건설하는 것이며, 점점 더 고도로 숙련되고 교육받은 막대한 노동력을 활용하여 다른 어느 나라보다 더 잘 팔고 더 잘 건설하는 것이라고 결론을 내렸다. 중국은 미국과의 관계를 해칠 어떤 조치도 피하려고 할 것이다. 미국처럼 더 강하고 기술력도 우위인 강대국에 도전하는 것은 중국의 "평화로운 부상" 시도를 무산시킬 것이다.[10]

중국의 접근방식은 이 문제에 대한 엘리트층의 토론을 위해 당에서 제작한 텔레비전 연속기획물 〈대국 굴기〉에서 제시하는 생각과 일치한다. 독일과 일본의 실수는 기존 질서에 도전하려고 했던 데 있었다. 중국인은 어리석지 않으며, 지금까지는 그런 실수를 하지 않았다. 국력의 관건은 1인당 국내총생산(GDP)이 아니라 나라 전체의 GDP다. 중국이 당장은 군사력 면에서 미국 수준에 도달하지 못하겠지만 미국의 군사력을 억지하는 비대칭 전력은 빠르게 발전시키고 있다. 중국은 자국의 성장이 에너지, 원자재, 식량 등의 안정적 수입에 의존하고 있음을 잘 알고 있다. 중국은 또한 공해상의 교통로 확보가 필요하다. 중국 정부는 말라카 해협 의존도가 높은 상황을 우려하고 있으며 그 의존도를 낮추는 방향으로 나아가고 있다.[11]

중국인들은 경쟁국을 따라잡고, 안정적 체제를 구축하고, 공산주의 체제에서 시장 경제 체제로 전환하는 데에는 30~40년, 혹은 50년간의 평화롭고 평온한 기간이 필요하다고 본다. 중국은 독일이나 일본이 저지른 실수를 피해야 한다. 독일과 일본이 권력, 영향력, 자원 등을 확보하려고 벌인 경쟁으로 말미암아 끔찍한 양대 전쟁이 지난 세기에 발발했었다. 러시아의 실수는 과도한 군사비 투입에 비해 민간 기술 부문에는 거의 투자하지 않은 데 있었다. 그래서 러시아의 경제가 붕괴했던 것이다. 나는 중국 지도자들이 미국과 군비 경쟁을 벌인다면 패할 것이라는 사실을 알고 있다고 믿는다. 그런 경쟁을 벌이면 스스로 경제 파탄을 불러오는 셈이 될 것이다. 따라서 그런 경쟁은 피하면서 40년 혹은 50년 동안 계속 고개를 숙이고 미소를 지어야 한다.[12]

경쟁력을 확보하기 위해 중국은 젊은 층에 대한 교육에 초점을 두고 있다. 과학 기술 부문에 가장 뛰어난 인재를 선발하고 그 다음으로 경제학, 경영학, 영어 등의 순으로 인재를 선발·육성하고 있다.[13]

"평화로운 부상"라는 표현에 대한 나의 첫 반응은 중국의 한 국책연구소에 이렇게 말해준 것이었다. "그 말은 용어 자체가 모순이다. 어떤 식으로든 부상을 한다 함은 경계심을 불러일으킬 만한 일이기 때문이다." 그러자 "그렇다면 당신은 어떻게 표현할 것인가?"라는 질문이 돌아왔다. 나는 "평화로운 부흥이나 진보 혹은 발전"이라 표현하겠다고 대답해주었다. 옛 영광의 회복, 과거 위대했던 문명의 새로운 탄생. 그렇다고 새로 고칠 수는 없는 일이다. 이제 중국은 그들의 진의를 최대한 잘 설명하는 수밖에 없다. 70대의 중국 지도자 한 분이 1년 전쯤 내게 "평화로운 부상에 대한 우리의 입장을 믿느냐?"고 물었다. 나는 "물론 믿는다. 다만 일러둘 말이 한 가지 있다"고 대답했다. "당신 세대는 항일 전쟁과 대약진운동, 문화혁명, 4인방, 그리고 최근의 문호개방 정책 등의 어려운 시기를 두루 거쳤다. 당신들은 온갖 위험이 도사리고 있음을 알고 있으며, 중국이 무사히 에스컬레이터를 타고 올라가려면 내부적으로는 안정이 필요하며 대외적으로는 평화가 필요함도 알고 있다. 그런데 지금 당신들은 젊은이들에게 부흥한 중국에 대한 어마어마한 자부심과 애국심을 고취하고 있다. 이는 불안정을 초래할 수 있다." 그 중국 지도자는 젊은이들이 분명히 이해할 수 있도록 해두겠다고 다짐했다. 진심으로 그러기를 바라는 바이다. 아무래도 조만간 성년이 되기 전에 성년이 되었다고 착각하는 세대가 등장할 것만 같지만.[14]

중국의 동남아시아 전략은 상당히 단순하다. 중국은 한편으로는 동남아 지역에 "더불어 성장하자"고 말한다. 그러면서 중국 지도자들은 다른 한편으로는 중국이 조만간 최강국으로 우뚝 설 것은 기정사실인데 그날이 오기 전에 중국과 친구가 될지 적이 될지를 분명히 하는 게 좋다는 인상을 준다. 또한 중국은 자국이 원하는 것을 얻거나 불쾌감을 드러내기 위해 언제든지 관계 수위를 조정할 준비가 되어 있다.[15]

중국은 그 거대한 시장과 계속 성장하는 구매력을 바탕으로 동남아 국가들을 자국의 경제 체제 안으로 흡수하고 있다. 일본과 한국 역시 어쩔 수 없이 그 체제 안으로 흡수될 것이다. 중국은 무력을 쓸 필요 없이 각국을 흡수하고 있는 것이다. 중국의 이웃 나라들은 중국의 인질이 되는 상황을 피할 수 있도록 미국이 아시아-태평양 지역에 남아 관여해 주기를 바란다. 미국은 중국이 이 지역을 자국의 중력 궤도 안으로 끌어들이기 시작하기 훨씬 전인 30년 전에 동남아시아에 자유무역지대를 창설했어야 옳았다. 그랬더라면 미국의 구매력은 지금보다 훨씬 더 커져 있을 것이고 모든 동남아 국가들은 중국에 의존하는 대신 미국 경제에 연결되었을 것이다. 경제가 기저의 흐름을 결정한다. 계속 커져가는 중국의 경제적 영향력과 맞서 싸우기란 대단히 어려운 일이 될 것이다.[16]

중국은 경제를 통한 영향력 확대를 계속 강조하고 있다. 지정학적 의미에서 중국은 현재 대외 정책에서 무력이 아닌 외교적 수단을 이용하는 것에 더 관심을 두고 있다.[17]

$$\oplus$$

그런 전략을 추진하는 데 있어 주요 장애물은 무엇인가?

대내적으로는 문화, 언어, 해외 인재 유치 능력의 부재 등을
들 수 있다. 거버넌스도 곧 문제로 부각될 것이다.[18]

중국이 설사 미국처럼 인재 유입에 개방적이라 하더라도, 중
국어에 능통하지 않은 사람이 어떻게 중국으로 가서 그곳 사
회에 융화될 수 있겠는가? 중국어는 단음절 언어인데다 성조
가 있어서 습득하기 매우 어려운 언어다. 몇 년 정도 학습하면
중국어 회화는 가능하겠지만 중국어를 빨리 읽을 수 있는 능
력을 배양하기는 대단히 힘들다.

중국이 싱가포르처럼 영어를 공용어로 삼지 않고서도 외부
인재 유치에 따르는 어려움과 언어 장벽을 극복할 수 있을지
는 모르겠다.

중국 어린이들은 중국어를 먼저 배운다. 그런 다음 영어를
배운다. 이들이 10대의 나이에 미국으로 건너간다면 영어는
유창해지겠지만 이 아이들의 머릿속에는 4천 년을 이어온 중
국어 경구들이 들어있다.[19]

중국이 절대치로 본 GDP 통계로는 미국을 결국 따라잡을
것이다. 그러나 아이디어의 자유로운 교환과 경쟁을 가로막는

중국 문화 때문에 창의력 분야에서는 미국을 당해내지 못할 가능성이 높다. 미국보다 인구가 네 배나 더 많은 나라가, 따라서 인재도 네 배나 더 많다고 봐야 할 나라가 획기적인 기술을 개발해내지 못하는 이유를 달리 설명할 길이 있겠는가?[20]

중국인이 그 문화적 족쇄를 스스로 풀 수 있을까? 그러려면 5천 년 중국 역사의 전통과 맞서야 할 것이다. 중앙 정부가 강력하면 이 나라는 융성한다. 그러나 중앙이 허약하면 황제는 멀고 산은 높아 첩첩 가로막혀 있으니 성과 현에는 소황제들이 할거한다. 이게 중국의 문화유산이다. 중국의 전통은 획일적 관료사회를 만들 수밖에 없다.[21]

중국 지도자들의 가장 큰 두려움은 부패로 체제가 좀먹어 들어가는 것과 이에 대해 국민들이 느끼는 염증이다. 이 문제가 언제 폭발할지는 아무도 모른다.[22]

중국은 거대한 국토, 고질적 문제들, 빈약한 인프라, 부실한 제도, 스탈린 시대 소련 체제를 모델로 하여 잘못 도입한 체제 등의 문제 때문에 엄청난 압박을 받게 될 것이다.[23]

중국은 연안의 부유한 도시들과 내륙 지방 간의 소득 격차, 그리고 연안 도시들 내부의 소득 격차라는 심각한 경제 문제에 직면해 있다. 중국은 이 문제를 조심스럽게 다뤄야 한다. 안 그러면 국민들 사이에 심각한 불만과 소요 사태가 나타날 수도 있다.[24]

기술은 중국의 거버넌스 체제를 시대에 뒤떨어진 것으로 만들고 있다. 중국은 2030년경이면 전 국민의 70%, 어쩌면 75%가 크고 작은 도시에서 거주하게 될 것이다. 모두들 휴대전화, 인터넷, 위성 텔레비전을 소유하게 될 것이다. 국민들은 더 많은 정보를 누리게 될 것이고, 스스로 조직을 만들 수 있게 된다. 소수의 사람들을 회유하고 감시하는 현재와 같은 방식으로는 더 이상 기하급수적으로 늘어난 도시민을 통치할 수 없게 된다.[25]

기술 제품의 단가가 점점 낮아지고 더 쉽게 이용할 수 있게 되는 추세에 역이주까지 크게 늘어나면서 사람들은 지금까지 고립되어 있던 농촌 지역의 착취에 대한 진실에 점점 더 눈뜨게 되었다. 게다가 중국인들은 산업화와 함께 자신들이 건설하고 있는 새로운 도시들로 해마다 수천만 명의 사람들이 유입되리라는 사실을 알고 있다. 지금까지 그래온 것처럼, 보안 통제를 엄격하게 유지하며 폭동이나 반란을 허용하지 않으면서 동시에 각 성과 도시, 민중에 힘을 더 실어주는 실용적인 방식으로 변화를 꾀한다면 체제 유지가 가능하다.[26]

중국이 제국이었을 때는 세계 다른 나라들에 대해 걱정할 필요가 없었다. 그러나 지금 시대 상황에서는 자원, 석유, 니켈, 이런 것들이 없으면 성장이 멈출 것이므로 세계 다른 나라들에 대해 걱정해야 한다.[27]

오늘날의 중국은 북미, 유럽, 일본 등의 선진국들과 상당한 수준의 발전을 이룬 동남아시아 및 인도 등과 상대하고 있다. 30년 후의 중국 지도자들은 2050년이 되더라도 중국이 GNP(국민총생산) 기준으로는 세계 최대의 경제국이 되겠지만 일인당 GNP나 기술력 측면에서는 여전히 선진국들에 크게 뒤진 상태일 것임을 알게 될 것이다. 따라서 중국 지도자들은 현실적 감각을 가져야만 한다. 어떤 것이 가능하고 어떤 것이 가능하지 않은지에 대해 대단히 날카로운 감각을 지닌 싱가포르 지도자들처럼 되어야 한다. 중국 지도자들은 아시아를 지배하는 것이 가능하지 않다는 사실을 알아야 한다.[28]

　　지금까지의 놀라운 경제성장이 언제까지나 그대로 이어질 것으로 추론하는 것은 비현실적이다. 중국의 앞길에는 대부분의 전문가들이 파악하고 있는 것보다 더 많은 장애물과 불리한 요인이 있다. 그 가운데 중요한 것이 거버넌스의 문제들이다. 즉, 법의 지배라기보다 황제의 지배에 더 가깝다는 점, 거대한 국토를 소황제들이 할거하며 큰 영향력을 행사하고 있다는 점, 상상력이나 창의성을 제약하는 순응 지향적 문화적 관습, 말할 가치가 있는 것은 이미 선현의 말씀에 다 있다고 암시하는 4천년을 이어온 고전과 경구가 중국인의 사고에 미치는 제약, 중국어가 외국인이 중국을 충분히 받아들이고 중국 사회에 받아들여질 수준까지 배우기에는 너무나 어렵다는 점, 그리고 해외 인재 유치 및 흡수에 제약 요인이 많다는 점 등이다.

싱가포르는 중국과 같은 유교 문화권이면서도 지난 40년 동안 노력하여 영어를 제1언어로, 중국어를 제2언어로 설정했다. 그 이유는? 물론 우연히 그렇게 된 것도 아니며 강한 반대가 없었던 것도 아니다. 우리는 세계에 우리 자신을 개방하고, 영어라는 언어 그 자체뿐만 아니라 영어적 사고방식에서 나타나는 창의·발명·발견의 힘을 포용하고 활용하고자 그렇게 했던 것이다.

우리는 강력한 리더십으로 이 작은 도시국가에서 그런 큰일을 해낼 수 있었다. 중국의 어느 지도자에게 영어를 중국의 제1언어로 삼을 것을 조언한 적도 있긴 하지만 그처럼 문화적 자부심이 강한 큰 나라에게는 현실적인 방안이 아님은 분명하다. 어쨌든 언어 문제는 중국의 심각한 약점임에는 틀림없다.[29]

中

중국 지도자들은 아시아 및 나아가 세계 최고의 지위를 획득하는 것을 어느 정도로 긴박하게 느끼고 있는가?

미국을 제치고 세계 제1강대국이 되면 그 지위에 걸맞은 부담을 져야할 것이므로 중국은 굳이 서두를 필요성을 못 느끼고 있다. 현재로서는 중국의 견해가 중요하게 받아들여지고 경제적 이익을 보장받으면서도 책임은 20개 회원국이 공유하는 G20와 같이 큰 그룹에 소속된 상태에 매우 만족스러워 한다.[30]

중국이 좀 더 서둘러 주도적 지위를 확립하고 그에 따른 역할을 행사하며 그런 지위와 역할 행사에 따르는 존중을 좀 더 빨리 받기를 원하는 목소리도 분명히 존재하지만 중국 지도부의 무게 중심은 신중하며 보수적인 쪽에 놓여 있다. 중국 지도부는 합의를 바탕으로 운영되며 장기적 시각을 견지한다. 21세기가 중국의 세기가 될 것이라는 꿈에 부푼 이들도 있지만 중국 지도부의 다수는 다음에 올 중국의 세기를 준비하면서 이번 세기는 미국과 공유할 것을 기대한다.[31]

중국 지도자들은 중국이 제1강대국이 된 후 아시아에서 미국의 역할 변화를 어떻게 볼 것인가?

중국 지도부는 미국이 제2차 세계 대전 이후 70년 동안 이 지역의 지배 강국으로서 안정을 확보해줌으로써 일본, 아시아의 호랑이들, 그리고 자기네 중국을 포함하여 여러 나라가 유례없는 성장을 할 수 있었다는 사실을 인정하고 있다. 중국은 미국 시장과 기술에 접근할 필요가 있으며, 중국 학생들이 미국으로 유학하여 새로운 프런티어 영역에 대한 새로운 아이디어를 중국으로 가져오는 것이 여전히 중요하다. 따라서 중국은 적어도 향후 이삼십 년까지는 이러한 국익을 해칠 수 있는 방식으로 미국과 대립하는 것이 무익함을 알고 있다.

중국의 전략은 정치적, 경제적 질서를 성공적으로 재정립할 만큼 강해질 때를 기약하면서 당장은 현 체제를 흔들기보다는 오히려 잘 활용하면서 성장하는 것이다.

안보 영역에서는 미국이 압도적인 투자로 우위를 구축하고 있기 때문에 직접적 도전은 무익하다는 것을 중국은 잘 알고 있다. 중국이 기술 개발과 응용에서 미국을 앞지르기 전에는 미국과 군사적 충돌을 벌일 생각은 하지 않을 것이다.[32]

미국이 무엇 때문에 중국과 싸우겠는가? 동아시아에 대한 지배권? 중국은 동아시아를 두고 싸울 필요가 없다. 서서히 그리고 점진적으로 중국은 동아시아와 경제 관계를 확대해나갈 것이며 13억 소비 시장을 동아시아에 제공할 것이다. 십 년, 이십 년 후까지 지금의 추세가 이어진다면 중국은 모든 동아시아 국가들의 최대 수입국이자 수출국이 될 것이다. 미국이 무슨 수로 무역 부문에서 중국과 경쟁할 수 있겠는가?[33]

나는 미국이 아시아에서 철수하리라고는 보지 않는다. 하지만 중국의 힘은 점점 커질 것이다. 중국의 입장은 '우리는 당신들을 적으로 여기지 않는다. 우리는 당신들이 여기 있는 것을 얼마든지 환영한다.'는 것이다. 왜냐하면 중국은 자신들이 미국을 대체할 수 없으며 이 지역 국가들이 미국을 환영하고 있음을 알기 때문이다. 따라서 중국은 잠자코 기다리며 힘을 키우고 있는 것이다. 중국은 경제적으로나 군사적으로 100년 안에 기술력 부문에서는 미국을 따라잡을 수 없을지 모르지만 비대칭적으로는 미국에 엄청난 피해를 입힐 수 있다.[34]

中

중국이 30년간 유지해온 두 자릿수 성장은 향후 몇 십 년간 지속될 것인가?

최근 30년 동안 중국 경제는 연간 10%, 심지어 때로는 12%를 넘어서는 경이로운 속도로 성장해왔다. 중국이 최소한 10년 더 그와 같은 고속 성장세를 유지할 수 있을까? 나는 그럴 수 있다고 본다. 중국은 밑바닥에서 시작하고 있으며 중국 내 13억 소비자들의 가처분소득이 증가하고 있기 때문에 성장세는 높이 유지될 것이다.[35]

中

중국은 민주국가가 될 것인가?

아니다. 중국은 자유민주국가가 되지 않을 것이다. 설사 그렇게 된다 하더라도 붕괴되고 말 것이다. 나는 그렇게 확신한다. 중국 지식층 역시 그 점을 알고 있다. 중국에서 무슨 민주화 혁명 같은 것이 일어날 것으로 기대한다면 착각이다. 천안문 광장의 학생들은 지금 어디에 있는가? 그들은 중국의 미래와 무관하다. 중국인들은 부흥한 중국을 바랄 뿐이다.[36]

중국이 의회민주국가가 될 수 있을까? 농촌과 작은 도시와 읍에서는 그럴 가능성이 있다. 중국인들은 혼란이 벌어지는 상황을 두려워하여 항상 지나치다 싶을 정도로 신중을 기한다. 그 과정은 아마 장기간에 걸쳐 점진적으로 이루어지겠지만 그런 변화를 예상해보는 것은 가능하다. 교통과 통신은 훨씬 더 빨라졌으며 저렴해졌다. 중국 사람들은 다른 체제와 문화에 점점 더 노출될 것이다. 여행을 통해, 인터넷을 통해, 스마트폰을 통해 다른 사회에 대해 알게 될 것이다. 이 한 가지는 분명하다. 현 체제가 향후 50년간 변하지 않고 그대로 있지는 않으리라는 점이다.[37]

중국의 현대화를 이루기 위해 중국 공산당 지도자들은 모든 방법을 다 시도해볼 준비가 되어 있지만 1인 1표의 다당제 민주주의만은 받아들일 수 없다. 그 이유는 크게 두 가지가 있다. 첫째는 안정을 확보하기 위해서는 중국 공산당이 권력을 독점해야 한다는 믿음이고, 둘째는 완전개방 방식의 다당제 체제가 가져올 불안정에 대한 뿌리 깊은 두려움이다. 다당제로 인한 정국 불안이 지방의 각 성에 대한 중앙정부의 통제력 상실로 이어져 결국 1920~30년대 군벌의 발호처럼 끔찍한 결과를 초래할 것으로 여기기 때문이다.[38]

나는 다른 나라에 그 나라의 과거와는 완전히 단절되고 생소한 어떤 기준을 도입시킬 수는 없다고 생각한다. 따라서 5천 년 역사를 통해 오로지 황제라는 권위를 내세워 통치하면서 자신의 뜻을 거스르는 자의 머리는 무수히 베었지만 민의를 알기 위해 머릿수를 센 적은 없는 중국을 보고 민주주의 국가가 될 것을 요구하는 것은 어불성설이다. 그러나 지금과 같이 인공위성을 통해 세계 어디든 실시간 통신이 가능한 시대에 야만적 행위를 하면서 내부 문제라며 넘어갈 수는 없는 법이다. 이제 중국 지도자들도 인권에 대해 언급하기 시작했다. 중국이 세계적으로 존중을 받으려면 선진국들뿐만 아니라 개발도상국들에 대해서도 존중받을 만한 위상을 유지해야 하며 그러려면 더 이상 자국민을 야만적 방식으로 대할 수 없을 것이다.[39]

중국은 현대 국가를 운영하려면 법치주의가 필요함을 알게 되었다.

중국은 2035년까지 포괄적인 법 규정 체계를 확립하고 안정적인 법률 체계가 투명한 행정 규칙과 함께 실제로 중앙 정부의 권한을 강화함을 알게 되었다. 각 성 및 지방의 정부가 잘못을 저지를 경우 적법 절차에 따라 그 책임을 물을 수 있게 되었으며, 과거 행해졌던 지루한 논쟁보다 훨씬 효과적인 방식이다. 또한 법치주의의 도입에 따라 이제 일반 시민들은 관료들의 자의적인 권한 행사로부터 보호를 받는다. 또한 비즈니스 업체들은 대규모 장기 투자 계획을 수립할 수 있다. 사법부의 독립을 실제로 획득하기까지에는 20년이 더 걸렸는데 왜냐하면 지방 수령이 황제의 관리로서 칙령을 이행해야 한다는 역사적 전통이 중국의 관료사회에 깊이 자리 잡고 있기 때문이었다.(이 단락은 중국의 거버넌스가 2150년에는 어떤 식으로 운영될지에 대해 리콴유가 1993년에 했던 예언임)[40]

중국이 정말로 제1강대국이 될 것인가?

중국이 가진 커다란 이점은 군사적 영향력에 있지 않고 경제

적 영향력에 있다. 중국은 세계 어느 지역에서도 경제성 있게
일을 해낼 수 있는 인력을 보유하고 있다. 이런 중국의 영향력
은 미국의 능력을 넘어서서 계속 성장을 거듭하고 있다.[41]

중국이 만일 이념적으로 편협하지 않은 실용적이며 현실적
인 지도자를 만난다면 중국의 상황이 잘못될 확률은 5분의 1
정도다. 제로라고는 말하지 않겠다. 왜냐하면 제도 개혁, 비즈
니스 문화 변화, 부패 감소, 신 사고방식 형성 등 어느 것 하나
만만하지 않은 문제들이 남아있기 때문이다.[42]

중국 지도자들은 중국이 평화로운 부상 원칙을 유지하면서
다만 경제력 및 기술력 측면에서 1위 자리를 두고 경합을 벌인
다면 지지 않는다고 결론을 내렸다.[43]

21세기는 아시아가 세계에서 그 위상을 되찾는 시대가 될
것이다. 지난 30년 동안 이룬 아시아의 발전 덕분에 중국인을
포함하여 동아시아인들은 미래를 낙관할 수 있게 되었다. 예
측할 수 없는 어떤 재앙이 혼란을 몰고 오거나 다시 한 번 중
국을 여러 군벌 세력권으로 쪼개놓지 않는 한, 중국인들이 조
직 재정비, 재교육 및 훈련을 통해 현대 과학 기술을 최대로
활용하게 되는 것은 시간문제일 따름이다. 중국은 선진 산업
국과 신흥개도국의 경험을 발판으로 삼아 발전을 가속화하여
만약 50년 내에 안 된다면 100년 내에라도 선진국을 따라잡아
완전한 산업국가, 나아가 첨단 기술 사회가 될 것이다.[44]

中

시진핑을 어떻게 평가해야 하는가?

시진핑은 후진타오보다 더 힘든 삶을 살아왔다. 시진핑은 시골로 쫓겨난 부친과 함께 힘든 시절을 보냈다. 그는 그런 어려움을 잘 이겨냈으며, 중국 남부 지방에서 차분히 승진하며 푸젠성의 서기가 되었다. 이어 상하이로, 다시 베이징으로 자리를 옮겼다. 그런 과정이 그에게는 평탄하지만은 않았다. 그의 삶의 경험이 그를 강하게 단련했음은 분명하다.

시진핑은 과묵하다. 말수가 적다는 의미에서가 아니라 자신의 호불호를 겉으로 드러내지 않는다는 의미에서 그렇다. 누가 그에게 신경을 건드리는 말을 하든 말든 항상 친근한 미소를 띠고 있다. 시진핑은 그가 견뎌야 했던 온갖 고난을 겪어보지 않고 고위직에 오른 후진타오보다 강인하다.[45]

나는 그를 넬슨 만델라와 같은 반열에 세우고 싶다. 개인적 불행이나 고통이 자신의 판단에 영향을 미치도록 허용하지 않는 엄청난 정서적 안정감을 지닌 인간으로서 말이다. 달리 표현하자면 그는 깊은 감명을 주는 사람이다.[46]

제2장

미국의 미래
The Future of United States

미국은 총체적 쇠퇴기에 접어들었는가? 미국의 주요 장점은 어떤 것들인가? 미국 정부에 대해 어떤 점이 우려되는가? 미국 문화에 대해 어떤 점이 우려되는가? 효과적인 거버넌스에는 "수호자"가 필요한가? 미국은 유럽처럼 될 위험에 처해 있는가? 세계 최고의 지위를 유지하기 위해 미국은 무엇을 할 필요가 있는가? 이 장에서 리콴유는 이런 질문에 미국과의 오랜 경험에서 우러나온 통찰로 우리에게 자극을 주는 답변을 제시한다.

⊞

미국은 총체적 쇠퇴기에 접어들었는가?

전혀 그렇지 않다. 미국이 부채와 적자로 인해 울퉁불퉁한 험로를 지나고 있긴 하지만 이류국가로 전락하는 일은 없으리라고 확신한다. 역사의 고비마다 미국은 놀라운 회복력과 재활 능력을 크게 발휘해왔다. 미국의 장점은 틀에 박히지 않은 자유로운 사고와 실용주의, 새로운 발상과 기술을 이끌어내는 구심점의 다양함과 탁월함, 해외 인재 유치에 유리한 사회 풍토, 그리고 미국사회의 개방성에 비견할 만한 열린 언어로서 과학, 기술, 발명, 비즈니스, 교육, 외교분야 지도자들과 전 세

계 각계 정상급 인사들 간의 공용어로 자리 잡은 영어 등을 들 수 있다.[1]

비록 미국이 지금은 경제적으로 대단히 힘든 시기를 겪고 있지만, 미국인 특유의 창의성과 회복력, 혁신 정신으로 주요 난제들과 마주하고 극복하여 다시 경쟁력을 회복할 것이다.[2]

향후 이삼십 년 동안은 미국이 유일 초강대국의 지위를 유지할 것이다. 미국은 세계 최강의 군사 대국이며 경제적으로도 가장 역동적인 나라다. 미국은 그 혁신력과 생산성, 소비력을 통해 세계의 성장을 이끄는 원동력이다.[3]

현재도 그렇지만 향후 몇 십 년 동안은 미국이 게임의 규칙을 정하는 주체가 될 것이다. 미국의 리더십 없이는 세계 평화와 안정에 관한 어떤 주요 이슈도 해결될 수 없으며, 아직까지는 어떤 나라나 집단도 압도적 글로벌 강대국으로서 세계 질서를 주도하는 미국의 자리를 대신할 수 없다.[4]

9·11 테러 공격에 대한 미국의 대응은 미국의 우월한 능력을 잘 보여준다. 그 충격적 사태는 미국 사회에 대한 테러 위협에 대처하는 미국민의 태도를 바꿔놓은 계기가 되었다. 미국 정부는 주저 없이 막강한 무력을 사용하여 게임의 규칙을 바꾸고 테러범과 그 지원 세력을 색출하여 소탕했다.[5]

앞으로 몇 십 년 동안 미국은 사실상 미국이라는 제국으로 존재할 것이다. 미국인은 여러분이 아프리카인이든 남아메리카인이든 인도인이든 필리핀인이든 중국인이든 한국인이든 상관하지 않고 미국에서 또는 해외에 있는 미국의 다국적 기업에서 일할 수 있도록 허용할 것이다. 역사를 돌아보면 성공한 제국은 모두 다른 인종, 언어, 종교, 문화 등에 속한 사람들을 포용하고 받아들였다.[6]

미국은 민간 및 군사 부문 모두에서 첨단을 달리는 기술력 덕분에 향후 10년, 15년, 20년 동안 가장 진취적이며 혁신적인 경제 강국으로 존립할 것이다. 인재를 계속 유치할 수 있는 능력이 없다면 30년, 40년, 50년에 걸쳐 서서히 그런 지위를 잠식당할 것이다. 인재 유치 능력이야말로 마지막 승부처인 까닭은 중국 및 다른 나라들이 미국이 해온 부분들을 각각 자국의 상황에 맞게 채택할 것이고, 또한 이런 나라들 역시 인재를 찾아 나서고 혁신적이며 진취적인 경제 강국 건설에 나설 것이기 때문이다. 끝으로 지금 이 시대 상황에서 대국들 간에 상호 파멸을 불러올 뿐인 군사적 대결이 벌어지지는 않겠지만 경제적, 기술적 대결은 벌어질 것이다.[7]

⊞

미국의 주요 장점은 어떤 것들인가?

미국인들은 '할 수 있다'는 자세로 삶을 살며, 무엇이든 타파하고 이를 분석하여 재정의할 수 있다고 믿는다. 실제 그런지는 별개의 문제지만 어쨌든 미국인들은 충분한 자금과 연구, 노력이 있다면 어떤 문제든 해결할 수 있다고 믿는다. 여러 해 동안 나는 미국인들이 1980년대 쇠퇴기를 겪은 미국 경제의 체질 개선과 구조 조정을 위해 분투하는 모습을 지켜보았는데, 당시는 일본과 독일이 모든 제조 부문을 휩쓸며 미국을 압도하고 있는 것처럼 보이던 때였다. 그러나 미국은 당당하게 재기했다. 미국의 시스템이 더 우수하며 경쟁력도 더 강하다.[8]

미국 경제를 초일류 반열에 올려놓은 것은 미국의 기업 문화이다. 기업가들과 투자자들 모두 위험과 실패를 성공에 따른 자연스럽고 불가피한 요소로 여긴다. 실패하더라도 다시 일어나 새로 시작한다. 유럽과 일본은 지금 이런 미국인들의 자세를 본받아 효율성과 경쟁력을 제고해야 할 과제를 안고 있다. 그러나 미국의 이런 여러 모습은 유럽과 일본 사회 체제의 더 느긋하고 더 공동체적인 문화와는 맞지 않는 면이 있다. 예를 들어 일본의 경우 종신 고용제를 채택하고 있으며, 독일은 노사 공동 결정 제도를 통해 노조가 경영에 관여할 수 있으며, 프랑스 정부는 노조의 편을 들어 정리해고 노동자에 대한 거액의 보상을 의무화함으로써 정리해고를 어렵게 만들었다.[9]

반면, 미국은 개척자 사회다. 창업과 부의 창출이라는 기업가적 욕구가 매우 강한 사회다. 새로운 발견이나 발명을 상업화하여 부를 창출하려는 신생 기업과 혁신 기업 부문에 있어서 가장 역동적인 사회가 바로 미국이다. 미국 사회는 끊임없이 움직이며 변화하고 있다. 물론 성공하는 기업가보다 도전과 실패를 겪는 기업가들이 더 많다. 성공한 기업가들 중에도 수없는 실패를 먼저 겪은 이들이 많다. 또한 성공에 안주하지 않고 또 새로운 사업을 시작하는 기업가도 많다. 이게 바로 미국의 역동적인 경제를 일궈낸 정신이다.[10]

　미국인들에게는 맨땅에서 시작해도 성공할 수 있다는 개척자적 문화가 있다. 바로 이 점이 내가 미국 경제의 회복을 자신하는 이유다. 미국은 제조 부문에서 일본과 독일에 뒤지고 있었다. 그러나 인터넷과 마이크로소프트, 빌 게이츠, 델 컴퓨터 등과 함께 다시 부상했다. 이런 일을 해내려면 어떤 정신이 필요할까? 그런 정신은 미국 역사에서 비롯된다. 미국인들은 허허벌판인 대륙에 도착해서 원주민 인디언을 죽이고 그 땅과 들소를 차지하는 등 살아남기 위해 할 수 있는 일은 다 했다. 개척지 생활이란, 말하자면, 새로 마을을 세우면서 "당신은 보안관을 하시오. 나는 판사를 할 테니. 톰은 경찰관, 제리는 은행가를 하고. 자, 이제 시작해봅시다." 하는 식이다. 그리고 이 개척자적 문화는 오늘날까지 이어져왔다. 미국인들 사이에는 뭐든지 해낼 수 있다는 믿음이 있다.[11]

유럽이나 일본과는 다른 미국만의 성공 요인으로 마구잡이적 양 극단의 성향이 강하다는 점도 들 수 있다. 무슨 말이냐 하면, 사람들의 성향을 종형 곡선으로 표현하면 가운데 볼록한 부분은 평범하고 무난한 생각을 하는 사람들이고 양쪽 극단으로 갈수록 좋은 쪽으로든 나쁜 쪽으로든 튀는 생각을 하는 사람들이다. 이때 좋은 쪽 극단이 높을수록, 다시 말해, 좋은 쪽으로 튀는 생각을 하는 사람들이 많을수록 창의력과 발명 능력이 더 높다는 말이다.[12]

미국과 동양 문화의 근본적 차이 하나는 사회 속에서 차지하는 개인의 위치에서 찾아볼 수 있다. 미국 문화에서는 개인의 이익이 우선이다. 이 때문에 미국 사회는 더 경쟁이 치열하며, 그 결과 전체적 경쟁력과 실적도 더 우수하다.[13]

미국은 무엇이든 다 포용하는 사회와 해외 인재를 유치하기 쉽게 해주는 영어 덕분에 항상 이득을 볼 것이다. 미국은 영어를 구사하는 수백만 외국인 인재들을 아시아와 유럽으로부터 유치할 수 있기 때문에 중국에 비해 확실히 유리한 위치에 있다. 미국이 자신감과 창의력을 잃고, 더 이상 기술 혁신도 이뤄내지 못하고, 해외 인재도 새로 끌어들이지 못할 가능성은 아주 미미하다. 나는 미국이 향후 10년, 20년, 30년 내에 그런 일이 있으리라고는 보지 않는다. 인재들은 중국으로 가지 않을 것이다. 영어를 사용하고 누구나 잘 어울릴 수 있는 곳인 미국으로 몰릴 것이다. 미국은 이민자를 포용하는 나라다. 중국에 가서 정착하려면 중국어를 마스터해야 한다. 그리고 중국 문화에도 익숙해져야 한다. 이런 난관은 넘어서기 매우 어렵다.[14]

미국은 과학 기술 분야의 발전과 이를 바탕으로 한 경제력과 군사력에 힘입어 유일 초강대국 지위를 지키고 있다.[15]

미국 경제가 세계에서 가장 진취적이며 역동적이기 때문에 미국 달러는 기축 통화의 지위를 유지할 것 같다.[16]

미국이 위대한 나라가 된 것은 국력과 국부보다는 미국을 움직이는 높은 이상 때문이다. 숭고한 이상주의의 힘만이 2차 대전 이래 미국이 그 막강한 힘을 행사하면서 보여준 온건함과 더 번영된 세계를 만들기 위해 미국의 부를 나눠준 관대함을 설명할 수 있다.[17]

미국은 모든 강대국들 가운데 가장 온건한 나라이며, 다른 어떤 신흥 강대국보다도 강압적인 태도를 덜 취하는 나라임에 분명하다. 미국 경제가 세계를 이끌고 미국이 혁신과 기술 부문에서 선두를 유지하는 한, 유럽연합이나 일본, 또는 중국이 현재 미국이 누리고 있는 주도적 지위를 대신할 수 없다.[18]

미국 정부에 대해 어떤 점이 우려되는가?

대중 민주주의 체제에서 표를 얻으려면 더 많은 것을 주어야 한다. 차기 선거에서 상대를 꺾으려면 더 많이 내놓겠다고 공약해야 한다. 결코 끝날 기미가 보이지 않는 경매와 같은 공약 경쟁은 결국 다음 세대가 부담하게 될 부채를 남기게 된다.[19]

국민들에게 쓴 약을 처방하는 대통령은 재선되기 어렵다. 이 때문에 선거에서 승리를 거두기 위해 인기 없는 정책은 미적거리거나 보류하는 경향이 있다. 따라서 재정 적자, 부채, 높은 실업률 같은 문제는 다음 행정부로 계속 떠넘겨졌다.[20]

대통령과 의회가 민심에 의해 제약을 받게 되면, 어떤 선택도 할 수 없게 되는 상황에 늘 몰리게 된다. 미국은 지도자로서 무엇이 미국을 위하는 길인지를 파악하여 설사 재선에 실패하는 한이 있더라도 그 일을 실행에 옮기는 지도자가 꼭 필요하다. 잘못 가고 있는 것을 알아도 조용히 유턴을 할 수 없는 거버넌스 체제는 오작동하고 있는 것이다.[21]

미국 정치인들은 소심한 타성에 빠져든 것 같다. 미국 학계와 언론계에서는 자유롭게 미국의 문제와 약점을 논의한다. 하지만 베트남 전쟁이 끝난 이후로 미국 유권자들은 정치 지도자들이 어려운 이슈를 놓고 벌이는 토론을 잘 경청하지 않는다. 어쩌면 이 때문에 공화당이나 민주당 어느 쪽도 복지 부문 등의 적자 지출 삭감, 저축 및 투자 증대, 그리고 무엇보다도 가장 중대한 문제로서 국제적 경쟁력을 지닌 노동력을 양

성할 수 있도록 미국의 학교 시스템을 개선하는 과제 등의 시급한 현안에 집중하지 않고 있다.[22]

대통령제는 의회제에 비해 좋은 정부가 나올 가능성이 적다. 대통령제에서는 텔레비전에 비치는 모습이 결정적인 반면, 영국 같은 의원내각제하의 총리는 총리가 되기 전 의원 및 각료 시절 동안 국민들이 일정 기간을 두고 그에 대한 평가를 하게 되므로, 이 사람이 과연 어떤 사람인지, 어느 정도의 깊이를 지닌 사람인지, 언행이 얼마나 진실한지 등에 대해 분명한 결론을 내릴 수 있다. 미국 대통령의 경우는 어떤가? 어느 날 땅콩 농사 짓던 지미 카터라는 사람이 대통령 후보라고 나오더니 거짓말처럼 대통령이 되지 않았는가![23]

안전, 번영, 소비자 사회, 여기에 매스컴이 합세하여 엉뚱한 사람도 자기 자신과 공약을 세련된 방식으로 표현할 줄 알면 지도자로 선출되게 되었다. 미디어 전문가들이 어떤 입후보자에게 새로운 이미지를 만들어 주고, 적어도 표면적으로는 완전히 다른 인물로 탈바꿈시키는 걸 보면 감탄을 금할 수 없다. 선거가 포장 기법과 홍보 전략에 의한 경합으로 변질되고 말았다. 정치인의 홍보전문가 자리는 이제 고소득 인기 전문직이 되었다. 과연 이런 과정을 통해 처칠, 루스벨트, 드골 같은 지도자가 나올 수 있을지 의문이다.[24]

미국의 정치 평론가들의 주장과는 달리 나는 민주주의가 반드시 발전을 가져다준다고는 생각하지 않는다. 한 나라가 발전하기 위해서는 민주주의보다 기강을 바로 세우는 것이 더 필요하다고 생각한다. 민주주의가 지나치면 그로 인해 기강이 무너지고 무질서한 상태가 초래되어 국가 발전을 저해한다. 정치 제도의 가치를 판정하는 궁극적 기준은 그 정치 제도가 사회 구성원 다수의 삶의 수준을 향상시키며, 또한 다른 구성원의 자유와 양립할 수 있는 개인의 자유를 최대한 허용하는 환경을 조성하는 데 도움이 되는지의 여부다.[25]

문제점 한 가지를 예로 들자면, 필리핀은 세계에서 가장 운영하기 어려운 체제 가운데 하나인 미국식 헌정 체제를 채택했다. 헌법에 따라 행정부, 입법부, 사법부 간에는 권력 분산이 완전하게 이루어져 있다. 그러나 무질서와 저개발 문제에 직면해 있는 개발도상국으로서는 강력하고 정직한 정부가 필요하다. 나는 한국과 대만, 홍콩, 싱가포르도 모든 주요 이슈마다 발목 잡히는 것이 일상화된 이런 헌정 체제하에서 국가가 운영되었더라면 성공하지 못했으리라고 생각한다. 또한 이런 미국식 체제는 베트남 전쟁과 린든 존슨 대통령의 '위대한 사회[i]' 시절 이후로는 미국 내에서도 제대로 기능하지 못하고 있다.[26]

역자주)

i) 린든 존슨 대통령이 자신의 사회적·경제적 개혁안을 설명하면서 즐겨 쓴 표현임. 그는 빈곤과 인종차별적 부조리의 종식을 위해 복지정책을 적극적으로 추진하였음.

미국인들은 미국이 세계 다른 지역에 집중적으로 개입해야겠다 싶으면 그럴 때마다 마치 영화처럼 아시아는 정지 상태로 멈춰 놓을 수 있다고 생각하는 것 같다. 그러나 그럴 수는 없는 노릇이다. 미국이 아시아의 전략적 발전 과정에 실질적 영향을 주길 바란다면 그런 식으로 왔다 갔다 해서는 안 된다.[27]

미국이 베트남에서 겪었던 꽤나 지긋지긋한 경험 때문에 미국의 전략적 추가 아시아로부터 멀어지는 일이 없도록 냉정하게 국익을 파악할 능력이 미국에게 있다고 나는 믿고 싶다. 나는 세상을 내가 관찰한 바 그대로 받아들인다. 내가 관찰하고 느낀 것 한 가지를 얘기하자면, 미국인들은 아직 베트남 전쟁 패배 이후의 환멸에서 빠져나오지 못하고 있는 것 같다.[28]

미국 문화에 대해 어떤 점이 우려되는가?

일부 미국 문화는 전혀 받아들이지 못하겠다. 총기, 마약, 폭력 범죄, 부랑자, 공공장소에서의 부적절한 행동 등, 요컨대 시민 사회의 붕괴 말이다. 개인이 하고 싶은 대로 할 권리를 일정한 선에서 멈추지 않고 확장해온 대가가 사회 질서 붕괴로 나타났다. 이 문제는 사회의 도덕적 기반 침식과 개인의 책임 축소와 크게 관련이 있다. 제2차 세계 대전 후 발달한 자유주의적 지적 전통에서는 인간이 각자 알아서 자신의 일을 하면 더 잘 살게 되는 완벽한 상태에 이미 도달했다고 주장했다. 그러나 지금까지 그렇게 되지 않았으며 내 생각에는 앞으로도 그렇게 될 것 같지 않다. 이미 미국에도 공공장소 방뇨, 도가 지나친 구걸 행위 같은 사회 와해 증상들을 낳은 그간의 사회 정책 실패에 대한 반발이 일고 있다. 사회에는 질서가 있어야 한다. 총기, 마약, 폭력 범죄는 대표적인 사회 질서 위협 요인들이다.[29]

개인 지상주의 사상은 극단으로 치달을 경우 좋은 결과를 가져오지 못한다. 그런 사상이 미국사회의 응집성을 유지하기 어렵게 했다. 아시아에서도 개인 지상주의의 폐해를 알고 있다. 젊은 여성이나 노부인이 밤거리를 걸을 수 있으며 젊은이들이 마약상의 마수에 희생되지 않는 건전한 사회를 바라는 사람들은 미국식 모델을 따르려고 하지 않을 것이다. 미국사회에서 상위 3~5%만이 이러한 혼란과 무질서, 아이디어의 충돌을 감당할 수 있을 것이다. 그러나 전체 대중을 상대로 이런 방식을 적용하면 난장판이 벌어질 것이다. 폭력물과 노골적인 섹스 장면을 텔레비전 화면에 매일같이 올리도록 허용해서 사회 전체를 그런 영상물에 노출시키는 것은 전 공동체를 망치

는 길이 될 것이다.[30]

미국을 방문한 많은 아시아인들이 그곳 상황에 의아해하고 불안해한다. 폭동, 마약, 총기, 노상강도, 강간, 범죄 등으로 무법천지 같은 사회, 거대한 풍요 속의 빈곤, 전 공동체의 희생을 대가로 주어지는 개인의 과도한 권리, 무죄 추정 원칙에 입각한 법률로 범죄자의 인권을 과보호하기 때문에 처벌을 수시로 모면하는 범죄자 등등. 미국에서는 공동체의 이익이 마약 밀매자와 마약 사용자의 인권 때문에 희생되어 왔다. 마약 관련 범죄는 만연하고 있다. 학교도 사회병리에 감염되어 있다. 학생들의 비행과 폭력 행위 비율이 높으며, 중퇴율도 높다. 학교에서 훈육과 교육이 제대로 이루어지지 않으니 노동력의 질도 떨어지게 된다. 악순환의 체계가 고착된 것이다.[31]

나는 시장에서 경쟁하는 갖가지 아이디어와 다양한 견해, 그리고 온갖 목소리가 넘쳐나는 자유주의 사회가 반드시 성공하게 된다고는 생각하지 않는다.[32]

미국 매체들이 대만, 한국, 필리핀, 태국 등이 민주화를 이루어 자유 언론을 갖게 되었다고 칭송하는 것을 보면 미국의 문화적 우월 의식을 다시 한 번 확인하게 된다. 이런 칭찬은 우월한 문화권이 열등한 문화권의 머리를 쓰다듬어 주면서 내는 생색이다. 그리고 이런 태도는 미국 매체들이 싱가포르를 겨냥하여 권위주의 정권이니 독재 정권이니 해가며, 과잉 통치와 과잉 규제로 숨 막힐 것 같은 사회, 몰개성적인 사회로 몰아붙이는 문화적 우월 의식과 동일하다. 왜 그러겠는가? 우리가 자기네 통치 방식을 따르지 않았기 때문이다. 하지만 우리는 다른 나라가 우리의 삶을 실험대에 올려보게 할 수 없다. 그들의 방식이라는 것도 검증되지 않은 이론에 지나지 않는다. 이 이론은 동아시아에서 검증되지 않았다. 미국이 50년 동안 통치했던 필리핀에서조차 검증되지 않았다. 대만이나 태국, 한국에서도 아직까지는 검증되지 않았다.[33]

다문화주의는 미국을 파괴할 것이다. 멕시코인을 포함한 많은 중남미 사람들이 계속해서 미국으로 들어올 것이며 그와 함께 그들의 문화도 미국 전체에 확산될 것이다. 이 사람들이 주류 백인 계층보다 더 빨리 인구가 늘어나는 가운데 함께 살게 된다면 어느 쪽 문화가 우세해지겠는가? 주류 백인 계층이 이들을 변화시킬 것인가, 아니면 이주 세력이 기존 문화를 바꿀 것인가? 서로 영향을 주고받겠지만 부분적으로라도 미국 문화가 변질되는 것은 불행한 일이 될 것이다.[34]

장기적 관점에서 앞으로 100년, 150년 후, 22세기의 미국은 만약 현재 추세가 계속된다면 히스패닉계의 구성 비율이 30~40% 정도가 될 것이기 때문에 미국이 정상의 지위를 유지할 수 있을지 여부는 그 사회가 어떤 사회일지에 달려있다. 다시 말해 문제는, 미국이 히스패닉계를 앵글로색슨 문화 쪽으로 끌어갈지, 아니면 히스패닉계가 미국을 좀 더 라틴아메리카 문화 쪽으로 끌어갈지에 달려있다. 만일 히스패닉계가 조금씩 들어와 미국 각지로 흩어져 살게 된다면 미국 문화가 이들의 문화를 바꿀 것이지만, 만약 이들이 마이애미나 캘리포니아의 경우처럼 대규모로 들어와서 한데 모여 살게 된다면 이들의 문화가 계속 유지되며 주변의 앵글로색슨 문화에 영향을 주게 될 것은 당연하다. 이것이 진짜 시험이다.[35]

나는 미국이나 영국식 정치 선전이 못마땅하다. 오늘날 유럽에서도 개인의 집안일까지 파헤치고 있는지는 나도 확실히 모르겠지만 미국에서는 그렇게 하고 있다. 그래서 미셸 오바마와 그 아이들, 애완견에 이르기까지 모두 홍보에 동원한다. 그렇게 함으로써 대통령과 가족을 더 친근하게 느끼도록 하려는 것이겠지만 그게 오바마가 훌륭한 대통령인지 경제가 잘 굴러가게 할 올바른 정책에 집중하고 있는지 등을 국민들이 판단하는 데 무슨 도움이 될까?[36]

⊞

효과적인 거버넌스에는 "수호자"가 필요한가?

싱가포르의 기본적 과제는 변함없이 그대로다. 총리와 각료로 일할 뛰어난 인재가 지속적으로 배출되지 않는다면, 지도 상에서 조그마한 붉은 점으로 표시되는 도시국가 싱가포르는 그저 평범한 도시가 되어 조그마한 까만 점으로 표시되고 말 것이다. 능력 있고 청렴하며 헌신적인 인재로서 인생의 황금기를 기꺼이 바치며 험난한 선거 과정을 이겨낼 인물을 찾기 위해서는, 각료들의 급료는 적게 책정하면서 대신 공익을 위해 헌신한다는 사명감을 보람으로 여기라는 따위의 주장을 해서는 안 된다.

공직을 맡으면서 자녀들의 미래는 기꺼이 희생시키려는 인재들을 각료로 스카우트해서 싱가포르를 제3세계에서 제1세계로 바꿔놓은 것이 아니다. 역량을 갖춘 인재들이 공익을 위해 너무 많은 것을 포기하도록 요구하지 않는 현실적인 방침을 정했다. 각료 급료를 아끼려다 싱가포르가 그저 평범한 제3세계 국가로 후퇴하도록 해서는 안 된다.[37]

사람들이 스스로 사유할 능력이 있다고들 말한다. 그러나 솔직히 초등학교 과정도 이수할 능력이 없는 사람이 언어, 문화, 종교 같은 문제에 대해 본능적으로 나오는 답변을 제시할 경우 그런 선택의 결과를 그 사람이 제대로 안다고 할 수 있겠는가? 우리는 그럴 경우 나타날 결과를 이미 알고 있다. 우리는 굶주릴 것이고, 인종 폭동에 시달릴 것이다. 우리는 공중 분해되고 말 것이다.[38]

좋은 정부를 바란다면 정부를 책임질 좋은 사람이 있어야 한다. 나는 지난 40년 동안 비록 정부 제도는 부실하더라도 정부를 맡은 사람들이 믿음직하고 훌륭하면 국민은 나름대로 건실한 발전을 이루는 괜찮은 정부를 얻게 됨을 지켜보았다. 그 반면에 이상적인 정부 제도가 실패하는 경우도 많이 목도했다. 영국과 프랑스 양국은 자국의 여러 식민지를 위해 모두 합쳐 80건이 넘는 헌법을 제정했다. 일단 제도며 견제와 균형 등 헌법은 나무랄 게 없었다. 하지만 그 사회에는 그런 제도를 시행할 수 있는 지도자가 없었으며 국민들도 그런 제도를 존중하지 않았다. 이런 헌정 체제를 물려받은 지도자들은 그 직책을 감당할 수 없었으며 결국 나라는 실패하고 체제는 폭동과 쿠데타, 혁명에 의해 무너졌다.[39]

만약 한 나라의 국민이 민주제도를 운영할 자질을 갖춘 인물을 찾을 수 없어서 그 제도를 온전히 신뢰할 수 없게 된다면 그 체제가 아무리 훌륭하더라도 망하고 만다. 결국 체제의 운명은 체제를 운영하는 사람에 달려있기 때문이다.[40]

국민들을 이끌고 국민들에게 성공의 동기와 의욕을 부여하는 데 필요한 자질을 모두 갖춘 인재들을 사회의 최정상에 두고 양성하는 것이 대단히 중요하다. 한 마디로 엘리트 집단 말이다. 능력을 꽃 피울 만한 인재들에게 진짜 엘리트가 될 기회를 줘야 한다. 번영을 꽃 피울 잠재력을 지닌 모든 나라가 그

렇게 해야 한다. 이 집단이 사회의 선봉이며 이들에 의해 우리 사회의 발전 속도가 결정된다.[41]

인간은 일반적으로 전통적 지도자나 대표적 지도자를 통해서만이 스스로를 통치하고 필요한 욕구를 충족시킬 수 있다. 영국이나 일본과 같이 단절되지 않은 긴 역사가 있고 질서가 잘 잡혀 있는 사회는 국민이 단결되어 있으며 왕과 왕실, 종교와 교회 장로, 번갈아 정권을 차지하는 집권당의 엘리트, 공직 사회 및 군의 엘리트, 상공업 부문 및 전문 직종의 엘리트 등을 기반으로 한 지배층이 있다.[42]

가장 뛰어난 인물을 가장 어려운 직무에 앉히는 것보다 더 나은 국가 운영 방법은 없다.[43]

미국은 유럽처럼 될 위험에 처해 있는가?

만일 유럽의 이데올로기 노선을 따른다면 결딴이 날 것이다. 사회 내부에는 더 많은 지원을 바라는 뒤처진 사람들로 인한 밀고 당김이 있게 마련인데 이들에 대한 지원은 반드시 근로 의욕을 훼손하지 않는 방식으로 해야 한다.[44]

미국과 유럽 정부는 과부, 고아, 노인, 노숙자, 소외계층, 미혼모 등 빈곤층과 사회적 약자들을 지원해줄 능력이 항상 있다고 여겼다. 그런 나라의 사회학자들은 고난과 실패는 개인의 탓이 아니라 경제 제도의 결함 때문이라는 이론을 늘어놓는다. 따라서 자선은 "권리"처럼 되었으며, 자선에 의존하여 사는 삶에 따르는 불명예 따위는 사라져버렸다. 불행히도 복지 비용 부담은 정부가 세금을 늘여 대처할 수 있는 여력보다 더 빠른 속도로 늘어났다. 증세에 따른 정치적 부담은 크다. 정부는 쉬운 길을 택하여 유권자인 현재 세대 집단에게 더 큰 혜택을 주기 위해 아직은 유권자가 아닌 미래 세대 집단에 그 비용 부담을 전가해버렸다. 이 때문에 정부의 재정 적자와 빚이 커졌다.[45]

우리는 싱가포르 사람들이 미국의 자립 문화를 본보기로 삼았으면 한다. 이 같은 문화적 특성 덕분에 미국에는 열정과 활력과 기백으로 변화에 적응하며 어려움을 헤쳐나가는 타고난 기업인들이 많으며, 그 결과 미국 경제는 유럽이나 일본보다 훨씬 더 좋아졌다.[46]

미국이 좀 더 유럽처럼 바뀌어 상당히 광범위한 사회안전망, 실업급여 제도를 시행한다면, 노인의료보장제도(Medicare)에 대해 향후 10년 동안 1조 2천억 달러의 추가 부담이 발생하게 되는데, 이 돈이 어디서 나올지 모르겠다. 만일 미국이 그 길로 간다면 민간 부문에서 넘겨받는다고 하더라도 경제는 더

침체될 것이다.[47]

╬

세계 최고의 지위를 유지하기 위해 미국은 무엇을 할 필요가 있는가?

21세기는 태평양 지역이 성장을 주도할 것이기 때문에 태평양의 주도권을 놓고 다투는 시대가 될 것이다. 지구촌 경제력의 대부분이 이 지역에 몰리게 될 것이다. 미국이 태평양 지역에 기반을 유지하지 않는다면 세계 선도국이 될 수 없다.[48]

핵심 국익을 지키기 위해 미국은 태평양 지역에 우월한 강대국으로 남아 있어야 한다. 이 지위를 포기하면 전 세계에서 미국의 역할을 위축시키는 결과를 가져올 것이다.[49]

미국이 태평양 지역에 기반을 유지하기 위해서는 재정 적자 문제가 최악으로 치닫지 않도록 해야 한다. 재정 적자 사태가 최악으로 치닫고, 어떤 이유에서건 달러화 투매 사태가 일어난다면, 은행, 헤지 펀드 등 모든 투자자들이 미국이 재정 적자 문제를 해결하지 못할 것이라는 결론에 이르고 자산을 다른 곳으로 옮기기 시작할 것인데 그러면 진짜 문제다. 미국의 부채는 내가 가장 우려하는 문제다. 미국의 글로벌 리더십에

결정적 타격을 가할 수 있는 문제이기 때문이다.[50]

　미국은 이라크, 이란, 이스라엘, 석유 등 중동 문제에 몰두
하느라 중국이 동남아시아에서 미국의 국익을 가로채지 않도
록 해야 한다. 중국은 집중력을 잃지 않는다. 중국은 세계 전
역에서 에너지 자원 확보를 위한 외교에 힘을 쏟고 있으며 동
남아시아도 예외가 아니다.[51]

제3장

⊕

미-중 관계의 미래
The Future of U.S-China Relations

미국과 중국 간에 중대한 대결이 벌어질 가능성은 어느 정도
인가? 중국의 부상을 견제하기 위한 미국의 전략에서 세력균
형은 무슨 역할을 해야 하는가? 중국의 부상에 대처하기 위해
서는 미국의 정책과 조치에 어떤 조정이 필요한가? 중국의 부
상에 대처하는 데 있어 미국은 어떤 정책과 조치를 피해야 하
는가? 미국의 정책과 조치가 강대국으로 부상하는 중국의 궤
적과 행태에 상당한 영향을 줄 수 있는가? 미국과 지속적인 협
력 관계를 수립하기 위해서는 중국의 정책과 조치에 어떤 조
정이 필요한가? 변화하는 중국과의 관계를 관리하는 것이 21
세기 미국 대외 정책의 핵심 과제이다. 이 문제들에 대한 리콴
유의 답변은 그가 미국 지도자들에게 하는 조언이기도 하다.

⊞

미국과 중국 간에 중대한 대결이 벌어질 가능성은 어느
정도인가?

현재는 냉전시기가 아니다. 당시 소련은 미국과 전 세계 주
도권을 두고 경합을 벌이고 있었다. 지금 중국은 순전히 자국
의 국익 차원에서 행동하고 있다. 중국은 세계를 바꾸는 데에
는 관심이 없다.[1]

영향력 다툼은 있을 것이다. 하지만 중국은 미국, 미국 시장과 기술이 필요하고, 더 잘살기 위해 학생들이 미국에 가서 사업 수완과 방법을 배워 올 필요가 있기 때문에 그 다툼이 격화되는 일은 없으리라고 본다. 중국 경제의 선진화에는 10년이 걸릴 수도 있고, 20년, 30년이 걸릴 수도 있다. 미국과 원수지간이 될 만큼 다툼이 격화되면 그 모든 정보와 기술력 유입 경로가 차단될 것이다. 따라서 양국 간의 세력 싸움은 중국이 미국에게서 필요한 것들을 계속 얻을 수 있는 수준에서 유지될 것이다.[2]

냉전 기간 중의 미-소 관계와는 달리, 시장을 적극 수용한 중국과 미국 사이에는 해소할 수 없는 이념적 갈등이 없다. 중-미 관계의 성격은 협력적이면서 또한 경쟁적이기도 하다. 양국 간의 경쟁은 피할 수 없지만 충돌은 피할 수 있다.[3]

소련 붕괴 후 미국과 중국은 서로 적수로까지 여기지는 않을지라도 경쟁 상대로 좀 더 의식하게 되었다. 그러나 주사위는 아직 던져지지 않았다. 가능한 최선의 결과는 양국이 늘 협력할 수는 없더라도 서로 공존하면서 태평양 지역의 모든 나라들이 함께 성장하고 번영할 수 있도록 하자는 새로운 공감대를 형성하는 것이다.[4]

양국 관계의 안정 요인은 서로 상대국과 협력하고 건전한 경쟁을 할 필요성이다. 중국과 미국 간 군사적 충돌 위험은 적다. 중국 지도자들은 미국의 군사적 우세가 압도적이며 또 그런 상황이 향후 수십 년간 유지될 것이라는 사실을 알고 있다. 중국은 군사력을 현대화하겠지만 미국에 도전하려는 것이 아니라 필요할 경우 봉쇄를 통해 대만에 압력을 가하거나 아니면 경제 불안을 유발할 능력을 확보할 목적 때문이다.[5]

중국은 남중국해의 영토 분쟁을 국제재판소에서 중재하도록 하지 않을 것이므로 유엔 해양법에 힘을 실어주려면 아시아–태평양 지역에 미국의 군사력 유지는 필요할 것이다.[6]

⊞

중국의 부상을 견제하기 위한 미국의 전략에서 세력균형은 무슨 역할을 해야 하는가?

아시아–태평양 지역에 세력균형이 유지되는 것이 현명하다. 아태 지역에 미국의 영향력이 지속되어야 한다는 공감대가 널리 형성된 데에는 세력균형의 필요성에 대한 인식이 반영되어 있다. 군사력은 꼭 쓰여야만 유용한 것이 아니다. 미국의 군사력은 존재만으로도 이 지역의 평화와 안정에 기여한다. 이렇게 확보된 안정은 중국의 국익을 포함하여 모든 나라의 이익에 기여하게 된다.[7]

유럽과 태평양 지역의 평화와 안보는 여전히 세력균형에 의존한다. 이 두 지역에서 미 군사력의 필요성은 매우 크다. 그러나 미국 경제가 더 활발해지고 부채 부담이 줄어들지 않는한, 이 지역의 미 군사력은 1990년대 말이 되면 크게 줄어들게 될 것이다.[i] 여기서 장기적 전망에 문제가 생긴다. 설사 미국의 적자가 줄어들고, 산업 생산성이 개선되고, 수출이 증가한다 하더라도 미국은 더 이상 지구촌 안보 비용 부담을 전부떠안을 여력도, 마음도 없을 것이다. 만약 미국 경제가 조속히회복되지 않고, 미국이 보호주의 정책으로 돌아서면서 무역마찰과 일본 때리기 현상이 커지면 문제가 심각해진다. 최악의 경우는 교역 및 경제 관계가 너무 악화하여 안보 유대 관계까지 약화되고 결렬되는 것이다. 이는 실로 두렵고 위험한 사태가 아닐 수 없다.[8]

세계는 그 동안 미국이 확립한 안정 덕분에 발전해왔다. 이안정이 흔들린다면 상황은 달라질 것이다.[9]

향후 20년에서 30년 이내에 중국이란 큰 나라를 일본과 인도를 포함한 나머지 아시아 국가들이 맞상대하기란 불가능하다. 따라서 우리는 균형을 유지하기 위해 미국이 필요하다.[10]

문제는 미국이 태평양 지역에서 안보 및 경제 주역으로서 역

역자주)

i) 1991년 5월 아사히 신문 심포지움에서 연설한 내용임.

할을 계속할 수 있는지 여부에 있다. 미국이 그렇게 할 수 있다면 동아시아의 미래는 더할 나위 없이 밝다. 하지만 만일 미국 경제가 앞으로 10년 이내에 경쟁력을 회복하지 못 한다면 문제가 생길 것이다.[11]

미국이 중국과 일본 양국 모두에 대한 영향력을 잃을 위험을 감수하지 않는 한, 미국은 일본을 포기할 수 없다. 미-일 상호 방위조약의 유무를 떠나서 안정 유지가 가능한 유일한 균형은 일본과 미국을 한 편에 두고 중국을 다른 한 편에 두는 삼각 구도의 균형뿐이다. 중국의 잠재적 비중은 미국과 일본을 합친 것보다 훨씬 크기 때문에 이러한 역학 구도는 불가피하다.[12]

왜 미국이 동아시아 전체 GNP가 북미 전체 GNP를 추월하도록 돕기 위해 계속 관여해야 하는가? 관여를 그만두고 동아시아의 성장을 멈추게 하면 왜 안 되는가? 왜냐하면 동아시아의 성장은 쉽사리 멈춰지지 않을 것이기 때문이다. 몇 년 동안 둔화되거나 정체되기는 하겠지만, 그것도 일본, 중국, 한국, 러시아가 새로운 균형을 확립할 때까지 뿐이다. 그러나 어떤 다른 균형도 미국이 주역을 맡고 있는 현재의 균형처럼 편안할 수는 없다. 미국이 주역을 맡지 않는 지정학적 균형은 현재의 모습이나 미국이 주역을 계속 담당하는 미래의 모습과 아주 다를 것이다. 우리 세대 아시아인들은 지난 전쟁의 공포와 비극을 겪었으며, 일본, 신흥공업국가들과 아세안(동남아시아국가연합)국가들이 전쟁의 잿더미 속에서 불사조처럼 부활하여 번영을 누리게 한 미국의 역할을 기억하기 때문에, 미국의 역할이 약화된 새로운 균형 구도에서 판이하게 달라진 세계에 대해 대단히 유감스럽게 생각할 것이다.[13]

닉슨 대통령은 실용주의 전략가였다. 그러면 중국에 대해 봉쇄 정책이 아니라 관여 정책을 택할 것이다. 하지만 동시에 중국이 선량한 지구촌 구성원으로서 규칙에 따라 행동하지 않을 경우에 대비한 방책도 조용히 마련해놓을 것이다. 각국이 어느 편에 서야만 하는 그런 대결의 상황에 이르면 닉슨 대통령은 일본, 한국, 아세안, 인도, 호주, 뉴질랜드, 러시아 등을 미국 편 체스보드로 끌어들일 것이다.[14]

중국의 부상에 대처하기 위해서는 미국의 정책과 조치에 어떤 조정이 필요한가?

미국인들로서는 전 세계도 아니고 단지 서태평양 지역에서 밀려나는 것일 뿐이라 해도, 퇴폐적이고 허약하고 부패하고 무능하다고 오랫동안 멸시하고 무시하던 아시아의 한 나라에 의해 밀려난다는 상황은 감정적으로 받아들이기가 쉽지 않을 것이다. 미국인들의 문화적 우월감 때문에 이런 변화에 적응하는 것은 대단히 어려울 것이다. 미국인들은 자신들이 신봉하는 개인지상주의, 무제한적인 표현의 자유 등의 사상이 보편적 원리라고 믿는다. 그러나 예전이나 지금이나 그건 사실이 아니다. 실제로 미국 사회는 이런 사상과 원리 때문이 아니라 특별한 지정학적 행운, 풍부한 자원과 이주민의 에너지, 유럽에서 유입되어 온 넉넉한 자본과 기술, 세계의 분쟁이 미국 영토까지 번지지 않도록 막아준 양 대양 덕분에 그렇게 오랫동안 번영을 누릴 수 있었던 것이다.[15]

미국은 궁극적으로는 그들의 지배적 지위를 중국과 공유해야 한다.[16]

미국은 중국의 부상을 막을 수 없다. 더 커진 중국과 더불어 살 수밖에 없다. 미국의 지위에 도전할 정도로 커진 나라를 맞아본 적 없는 미국으로서는 완전히 새로운 경험일 것이다. 중국은 20년에서 30년 이내에 그 정도로 커질 수 있을 것이다.[17]

전 세계적 균형에서 중국이 차지하는 비중을 감안하면 세계는 30년에서 40년 이내에 새로운 균형을 찾지 않으면 안 될 것이다. 단순히 새로운 강국이 또 하나 등장하나보다는 정도로 치부할 수는 없다. 눈앞에 다가온 것은 세계 역사상 가장 큰 강국의 등장인 것이다.[18]

미국 의회는 새로운 자유무역협정(FTA)이 상정될 때마다 반대하고 있다. 차기 의회에서도 계속 FTA를 반대한다면 귀중한 시간을 잃게 될 것이다. 잘못을 깨닫고 다시 추진하려고 할 때는 이미 너무 늦었을 것이다. 의회가 이게 얼마나 큰 국익이 걸린 사안인지 그리고 미국 시장과 중국 시장 간에 균형 있고 공정한 관계를 예상하기가 얼마나 어려워지고 있는지를 분명히 깨닫도록 만들어야 한다. 매년 중국과 이웃나라들 간의 수출입 증가세는 미국의 이 지역 수출입 증가세를 상회하고 있다. FTA가 없으면 한국, 일본, 대만, 그리고 아세안 국가들은 중국 경제권으로 통합될 것이다. 미국은 이런 결과를 피해야 한다.[19]

⊕

중국의 부상에 대처하는 데 있어 미국은 어떤 정책과 조치를 피해야 하는가?

처음부터 중국을 적으로 대하지 말라. 그렇지 않으면 중국은 아시아-태평양 지역에서 미국을 무너뜨리는 대응전략을 개발할 것이다. 실제로 중국은 이미 그런 전략을 논의하는 중이다. 서태평양 지역에서 양국의 주도권 다툼은 피할 수 없겠지만 충돌로까지 이어질 필요는 없다.[20]

미국 인권 단체들에 의한 중국 압박 그리고 인권 침해나 미사일 기술 이전 등의 이유로 미국 의회와 행정부가 가하는 최혜국 대우 박탈 위협 및 기타 제재 등의 조치들은 양국 간 문화, 가치관, 역사 등의 차이를 무시하는 것이고, 중-미 관계의 전략적 고려 사항을 미국 국내 어젠다보다 더 경시하는 것이다. 이런 무계획적 접근 방식은 장차 중국을 미국의 적으로 돌려놓을 위험이 있다. 중국의 문화적 현실에 대해 너무 예민하게 대응하지 말고 좀 더 이해를 가지고 접근할 때 대립적 관계 개선에 도움이 될 것이다.[21]

　소비에트 연방의 해체와 함께 미-중 관계는 더 이상 공동의 위협에 기대지 않게 되었다. 미국은 초당적인 대중국 정책 합의가 아직 이루어지지 않았다. 중국은 초강대국이 될 잠재력이 있다. 미국의 관심은 미국이 유일 초강대국인 지금의 현상을 유지하는 데 있지만, 앞으로 30년쯤이면 중국은 미국의 지배권에 도전할 만큼 성장해 있을 것이다. 미국의 대중국 정책은 톈안먼 사태, 중국의 반체제 인사 박해, 민주주의, 인권, 최혜국 대우, 달라이 라마와 티베트 자치권, 대만의 유엔 독자 가입 시도 등에 대한 언론의 집중 보도와 같은 핵심을 벗어난 요인들에 의해 좌우되어 왔다. 중국의 주권과 통합에 도전하는 문제들은 중국의 적대감을 불러 일으킨다. 이런 문제를 강조하는 것은 그것을 통해 중국을 봉쇄하고 중국의 고속 경제

성장을 중단시키거나 늦추는 것이 미국의 정책인 경우에만 의미가 있다.[22]

대대적인 경제 개혁으로 중국이 개방됐다. 자유화가 미국 정책의 목표라면 교역과 투자 증대가 답이다. 그런데 미국은 오히려 최혜국 대우를 박탈함으로써 이런 과정을 무산시키려고 위협을 가한다. 미 국무부는 마치 학부모에게 보낼 성적통지표를 작성하듯이 중국 인권 보고서를 작성한다. 이것은 미국인들을 기분 좋게하고 중국인들을 기죽게 할지 모르지만 동아시아인들은 그에 따른 장기적 결과에 불안해 한다.[23]

중국을 국제사회로 이끌어 들일 수 있는 나라는 다른 어떤 나라보다 바로 미국이다. 중국의 민주화를 진전시키려는 미국의 공공연한 욕구 때문에 어려운 상황이 발생한다. 중국은 이를 내정 간섭으로 여겨 분노하며 반발한다. 외부 세력들은 자신들의 이미지대로 중국을 개조할 수 없다. 미국 사회는 너무나 다원적이고 관심사도 다양해서 중국에 대해서도 일치된 시각을 갖기 어렵다. 때로 중국인들은 미국의 국제정치 담론 용어 "engagement"가 "관여"가 아니라 "교전(an engagement in combat)"을 의미하지는 않는가 하고 의아해한다. 미국이 중국과 세계 안보와 안정에 대해 논의하려면 먼저 미국이 중국의 분열을 바라지 않는다는 사실을 중국이 알아듣도록 할 필요가 있다.[24]

　　　　　　　　　　　　⊞

　미국의 정책과 조치가 강대국으로 부상하는 중국의 궤
적과 행태에 상당한 영향을 줄 수 있는가?

　그렇다. 만일 미국이 중국을 모욕하거나 억누르려고 한다면
미국은 확실한 적을 얻을 것이다. 반대로 미국이 중국을 떠오
르는 강대국으로 받아들이고 중역실에 자리를 마련해주면 중
국은 예측 가능한 미래까지는 그 자리에 머물러 있을 것이다.
따라서 내가 만일 미국인이라면 중국에 대해 듣기 좋은 말을
해주며, 중국을 강대국으로 인정하고, 존중받는 지위를 되찾
은 것과 영광스러운 과거를 부흥한 것에 대해 찬사를 보내며,
함께 협력해나갈 구체적인 방안을 제시할 것이다.[25]
　지금 미국이 갈수록 강해지고 있는 중국에 대해 대결 정책을
택해서 불필요한 숙적을 만들 까닭이 어디에 있는가? 그럴 필
요가 없다. 미국은 이런 식으로 말해야 한다. "양국은 결국 대
등해 질 것이고 종국에는 중국이 미국보다 더 커질지도 모르
지만 우리는 함께 협력해야 합니다. 자, 여기 앉아 세계 문제
를 같이 논의해봅시다." [26]
　미국이 중국에 대해 택해야 할 기본적인 선택은 관여 정책
아니면 고립 정책이다. 두 가지 다 선택할 수는 없다. 어떤 사

안에 대해서는 관여 정책을 택하고 다른 사안에 대해서는 고립 정책을 택하겠다고 할 수는 없다. 이런저런 신호를 뒤섞어 보내서는 안 된다.[27]

미국이 중국에 대해 장기적으로 끼칠 수 있는 최대의 영향력은 매년 수천 명씩 중국의 뛰어난 인재들을 유학생으로 받아들이고 있는 데서 나오는데, 그중에는 중국에서 가장 탁월한 학자와 과학자가 있다. 이들은 중국을 변화시키는데 가장 강력한 요인이 될 것이다.[28]

중국이 발전을 계속해서 주변국들에게 자신의 의사를 관철시킬만한 충분한 힘을 키운 시점에 이르면, 중국은 경제적, 군사적 영향력을 이용하여 세력권을 형성하고 패권국이 될 것인지 아니면 선량한 국제사회의 구성원으로 존속할 것인지를 두고 숙명적인 결정을 하게 될 것이다. 그런 선택의 순간이 오기 전에, 중국의 에너지를 향후 50년에서 100년 동안 건설적으로 흡수할 수 있는 국제 협력의 길을 중국이 선택할 수 있도록 가능한 모든 유인책을 제시하는 것이 모두에게 이익이다. 이는 중국이 상품과 서비스 시장에 접근하거나 석유와 같은 자원을 얻으려고 할 때 힘으로 밀어붙일 필요 없이 평화적으로 이런 경제적 기회를 이용할 수 있어야 한다는 의미다. 이런 통로를 중국을 위해 열어 두지 않으면 세계는 강압적인 중국과 더불어 살아야 한다. 미국은 중국과의 대화와 협력을 통해 앞으로 20~30년 동안 중국이 강대국의 역할에 적응해가는 과정을 관리할 계획을 세울 수 있다. 중국은 오랜 문명국가로서 외압이나 제재로는 쉽게 바뀌지 않을 것이다. 중국의 변화는 그들의 지도자, 사상가, 지식인들이 다른 사회의 장점과 특성을 채택하면 중국에 유리하리라고 스스로 확신하게 될 때 올 것이다.[29]

중국의 정치적 변화 속도와 방향을 가속화하는 최선의 방법은 중국이 세계와 교역과 투자 관계를 더욱 늘리도록 하는 것이다. 그러면 중국의 번영은 주요 교역 상대국의 경제 체제와 중국의 경제 체제 상호 간의 양립 가능성에 더욱 의존하게 될 것이다. 또한 외부 세계와의 광범위한 접촉으로 중국의 문화적 가치관과 도덕적 기준도 영향을 받고 바뀔 것이다.[30]

중국이 글로벌 체제 안에 편입된다면 국제적 기준에 맞게 활동하는 기득권 층이 중국 내에 확고하게 형성될 것이다. 이에 따라 교역, 용역, 투자, 기술, 정보 등의 부문에서 중국의 상호 의존성은 커지게 될 것이다. 이런 상호 의존적 연계는 갈수록 늘어나서 일방적으로 국제적 의무를 위반하면 그 비용을 감당할 수 없을 지경에 이르게 될 것이다.[31]

아시아-태평양 지역의 평화와 안보는 중국의 발전을 방해하려 한 서방에 적개심을 품은 외국 혐오 국수주의 세력으로 중국이 등장하느냐, 아니면 개방화와 국제화가 심화되어 세계와

발맞춰 나아가는 중국이 등장하느냐에 달렸다.[32]

⊞

미국과 지속적인 협력 관계를 수립하기 위해서는 중국의
정책과 조치에 어떤 조정이 필요한가?

1945년부터 1991년까지 중국은 일련의 전쟁으로 인해 거
의 국가 파탄 지경에 이르렀다. 이 시기를 거친 세대는 대약
진운동, 기아, 러시아와 거의 충돌 직전까지 갔던 상황, 광기
에 사로잡힌 문화대혁명 등 지옥을 경험했다. 나는 이 세대가
평화로운 부상을 원한다고 확신한다. 하지만 이들의 손자 세
대에서는 어떻게 될까? 벌써 기고만장한 이 젊은 세대가 완력
을 과시하기 시작하면 우리는 매우 다른 모습의 중국을 목도
하게 될 것이다. 손자들은 할아버지 말을 절대로 듣지 않는다.
더구나 이 젊은 세대들이 만약 외부 세계에 대해 악의에 찬 착
취자, 제국주의자, 파괴자, 약탈자의 인식을 가지고 출발한다
면 문제는 매우 심각하다. 중국은 그들이 아는 범위에서는 세
계 유일의 강국이었던 시절의 옛 중국으로 돌아가고 있는 것
이 아니다. 현재의 중국은 많은 강국 가운데 하나에 지나지 않
으며, 그 강국 가운데 많은 나라들이 중국보다 더 혁신적이고

창의적이며 강인하다. 내가 만일 미국이나 유럽 혹은 일본 사람이라면 나는 중국의 젊은 세대가 적대감이 아니라 수용적인 자세를 바탕으로 세계은행 총재를 역임한 로버트 졸릭이 적절히 표현한 것처럼 중국도 이제 국제사회의 책임 있는 이해 당사자라는 것을 이해하도록 하는 데 시간을 들여 노력해보겠다. 그들도 이해 당사자라는 것, 지구 온난화가 계속되면 그들도 다른 나라 사람들과 마찬가지로 곤란해진다는 것을 느끼도록 하라.[33]

　과거 중국의 격동기를 경험하지 않고 성장과 평화의 시기만 경험한 중국의 젊은 세대가 이념 과잉과 자만의 결과로 중국이 저질렀던 실수를 알도록 하는 것은 대단히 중요하다. 젊은 이들이 겸손하고 책임감 있는 마음가짐으로 미래를 맞이하도록 올바른 가치관과 자세를 심어주어야 한다. 평화로운 부상이라는 독트린을 설정한 사람들은 중국의 부상이 세계에 위협이 되는 것이 아니라 이득이 되는 것이라는 점과 또한 중국이 혼란과 충돌을 피하기 위해 노력할 것이라는 점을 이웃 나라들과 전 세계를 향해 확실하게 알리는 것이 중국의 책임이자 국익에도 도움이 된다는 사실을 절실히 인식하고 있다. 중국의 고속 성장이 전 세계 다른 나라에 끼치게 될 문제를 중국은 알고 있으며, 그에 따른 폐해를 최소화하기 위해 국제사회와 협력하기를 바라고 있다. 중국의 성장이 가져온 부작용을 어

떻게 완화할 것인지를 연구하는 것은 중국에게도 유익하다.[34]

　중국의 우월성을 표현하는 방식도 이전 시대와는 당연히 크게 달라질 것이다. 현재 동아시아의 예를 보면, 이 지역에서 중국은 이웃 국가들과의 관계에서 명백히 지배적인 경제적 지위를 구축했으며, 13억 시장과 대외 투자 능력 등에 근거한 지배적 지위를 자국에 유리하게 이용해왔다. 만일 어떤 나라나 기업이 중국의 지위에 상응하는 존중심을 보이지 않는다면 가파르게 성장하고 있는 13억 시장에 발을 들여놓지 못하게 될 위협에 직면하게 된다.[35]

제4장

田

인도의 미래
The Future of India

인도는 강대국으로 부상할 것인가, 또 그렇게 된다면 언제가 될 것인가? 인도의 민주적 거버넌스 체제는 인도의 장기적 전망에 어떤 제약을 가할 것인가? 인도의 문화는 인도의 장기적 전망에 어떤 제약을 가할 것인가? 현재 인도 경제의 강점은 무엇인가? 인도 경제의 장기적 과제와 예상되는 성과는 무엇인가? 중국 경제와 대비해볼 때 향후 10년 간 인도 경제의 전망은 어떠한가? 인도의 민주주의 모델은 특히 중국의 권위주의 모델과 대비해볼 때 다른 아시아 국가들에 어떤 의미를 갖는가? 인도는 아시아에서 중국을 상대로 전략적 평형추 역할을 맡을 수 있는가? 미국-인도 관계의 전망은 어떠한가? 리콴유는 인도의 경제, 정치와 역내 역할 등을 오랫동안 지켜봐왔기에 위의 질문들에 대한 그의 대답은 특별히 귀담아 들을 만한 가치가 있다.

卌

인도는 강대국으로 부상할 것인가, 또 그렇게 된다면 언제가 될 것인가?

네루 집권 당시인 1959년과 1962년 인도 방문 시, 나는 인도가 번영하는 사회로, 강대국으로 나아갈 잠재력을 봤다. 하지만 1970년대 말엽에는 인도가 군사 대국은 되겠지만 꽉 막힌 관료주의 때문에 경제적으로 번영하기는 어렵겠다는 생각이 들었다.[1]

卍

인도의 민주적 거버넌스 체제는 인도의 장기적 전망에 어떤 제약을 가할 것인가?

인도는 국가 계획과 통제에 수십 년을 허비하면서 관료주의와 부패의 늪에 빠졌다. 분권체제였더라면 방갈로르, 봄베이 같은 중심 도시들이 더 많이 성장하고 발전할 수 있었을 것이다. 카스트 제도는 실력주의 제도를 가로막는 적으로 남아 있다. 인도는 그 위대함이 성취되지 않은 나라이다. 그 잠재력이 아직 충분히 개발되거나 이용되지 못하고 있다.[2]

인도는 헌법체제 및 정치 제도상의 제약으로 인해 신속한 국정운영에 어려움을 겪고 있다. 정치지도자가 무슨 일을 추진하려면 일단 중앙정부에서부터 대단히 복잡한 시스템을 거쳐야 하며, 그 다음에는 각 주에서 더욱 복잡한 시스템을 거쳐야 한다. 인도는 헌정 체제상의 제약, 다민족 사회, 투표 패턴 그리고 이에 따라 구성되는 의사결정이 대단히 어려운 연립정부

로 인해 더딘 속도로 나아갈 수밖에 없을 것이다.[3]

이게 모두 인도 국민에 의해서 채택되어 이제 확립된 헌정 체제가 가하는 제약이다. 주 경계문제[i], 언어 문제[ii], 카스트 할당 정책 등의 문제는 앞으로도 계속 땜질 처방을 받게 될 것이다. 카스트 및 지역 할당은 역동적인 능력주의를 손상시켜 인도가 그 잠재력을 최대로 펼치는 것을 막고 있다.[4]

인도의 정치 지도자들은 적극적으로 개혁을 추진하려 하지만 인도의 관료사회는 더디고 변화에 저항하고 있다. 지역 간 다툼과 부패도 문제다. 게다가 포퓰리즘 민주주의 때문에 집권당이 수시로 바뀌게 되어 인도의 정책은 일관성이 부족하다. 인도는 부실한 인프라, 기업활동에 대한 높은 행정 규제 장벽, 과중한 재정 적자, 특히 주 정부의 심각한 재정 적자 등의 문제가 투자와 일자리 창출에 걸림돌이 되고 있다.[5]

만약 모든 인도의 장관들과 관료들이 나라야나 무르티(인포시스[iii] 공동 창립자이자 전 CEO)와 같이 근면하고 엄격한 업무감자이며, 뛰어난 협상가이면서 항상 앞을 내다보는 사람이라

역자주)
i) 1953년 뗄루구어 사용지역을 토대로 한 안드라쁘라데슈 주를 시작으로 남부인도에서 언어를 중심으로 주가 재편성되었음.
ii) 인도 독립 이후 힌디어를 공용어화 하려는 중앙정부의 정책에 저항하여 남부인도(타밀나두 주 등)를 중심으로 비힌디어 사용지역에서 조직적인 반대운동이 있었음.
iii) 신화적인 인도 벤처기업. 1981년 7명의 엔지니어가 250달러로 창업하여 현재 연간 47억 달러 이상의 매출과 10만 명을 고용한 글로벌 기업으로 성장함. 그 급성장 비결은 인재교육과 육성에 있음.

면 인도는 세계에서 가장 빠르게 성장하는 나라 중 하나가 되었을 것이고, 한 세대 안에 제1세계 국가가 될 것이다. 하지만 무르티는 한 사람의 힘으로는 인도의 거버넌스 체제를 인포시스처럼 효율적으로 바꿀 수 없다는 것을 아마 알고 있을 것이다.[6]

中

인도의 문화는 인도의 장기적 전망에 어떤 제약을 가할 것인가?

인도는 사실 하나의 나라라기보다 마침 영국이 부설한 철로를 따라 한데 모여 있을 뿐인 서로 다른 32개의 나라라고 봐야 된다. 영국인들이 와서 그들을 정복하여 인도에 대한 통치를 확립하고, 또 175개 토후국을 복속시키고는 천 명의 영국인과 영국인처럼 행동하도록 교육받은 수만 명의 인도인을 통해 이들을 통치했다.[7]

나는 최고의 인재가 최고가 될 수 있도록 하지 않는 사회에 반대한다. 나는 출생이 곧 사회 계층의 서열을 결정짓는 봉건 사회에 반대한다. 그런 부조리의 대표적 예가 바로 인도의 카스트 제도다.[8]

인도는 정착된 문명을 가진 사회다. 네루와 간디는 어마어마한 명성이 있었기 때문에 내가 싱가포르에서 한 일을 인도에서 할 기회가 있었지만 카스트 제도를 타파할 수는 없었다. 고착된 관습을 깰 수 없었던 것이다.[9]

인도와 중국의 건설업계를 살펴보면 한쪽은 일을 해내고 다른 한쪽은 일은 하지 않고 말만 한다는 차이점을 발견하게 될 것이다. 그 이유로 인도가 원체 다양한 사람들로 구성된 나라라는 점을 들 수 있다. 인도는 단일 민족 국가가 아니라 32개 민족이 330가지 언어를 사용하는 나라다. 중국의 경우 90%가 중국 한족이며 방언은 있지만 모두 동일한 언어를 사용하며 동일한 문자로 글을 읽는다. 만일 델리에서 영어로 말을 한다면 12억 인구 중에 2억 정도가 알아들을 것이다. 힌디어로 하면 2억 5천만 정도가 알아들을 것이다. 타밀어라면 8천만 정도가 알아들을 것이다. 따라서 양국 간에는 엄청난 차이가 있다. 말하자면 오렌지와 사과를 비교하는 격이다. 내 말에 오해 없길 바란다. 인도의 상류층은 세계 어디에 비교해도 손색이 없다. 브라만은 사제들의 자녀들로 세계 어디의 수재들과 마찬가지로 명석하고 똑똑하지만 이들에게도 카스트의 제약이 존재한다. 카스트 제도 때문에 나타나는 또 다른 문제로, 가령 브라만 계급의 사람이 브라만이 아닌 사람과 결혼하면 신분이 추락하게 되므로 유전자 풀 또한 카스트 별로 제한된다.[10]

인도의 공무원들 대다수는 여전히 스스로를 봉사자라기보다 관리자로 생각하고 있다. 대부분의 인도 관료들은 이익을 내고 부자가 되는 것이 죄악이 아니라는 사실을 받아들이지 않는다. 그들은 기업인들을 신뢰하지 않는다. 인도 기업인들을 돈만 탐하며 국가의 복지 따위는 안중에 없는 기회주의자로 여기며 외국인 기업인들에 대한 감정은 말할 것도 없다.[11]

中

현재 인도 경제의 강점은 무엇인가?

인도의 민간 부문은 중국보다 낫다. 인도 기업들은 기업 거버넌스에 대한 국제 규정을 따르며 중국 기업들보다 자기자본 수익률이 더 높다. 인도의 자본 시장은 투명하며 제대로 기능한다.[12]

인도의 금융 제도와 자본 시장은 중국보다 더 건실하다. 인도의 제도가 더 건실하며, 특히 지적재산권 창출과 보호에 더 유리한 환경을 제공하는 잘 발달된 법 제도가 있다.[13]

중국의 평균 연령이 33세인데 인도는 26세이며 인구 증가도 훨씬 빠르므로 더 큰 인구배당효과를 누리게 되겠지만 국민들에게 더 나은 교육을 제공하지 않을 경우 오히려 기회가 부담

으로 바뀔 것이다.[14]

⊞

인도 경제의 장기적 과제와 예상되는 성과는 무엇인가?

현재의 사고방식을 바꾸지 않는 한, 인도는 기회를 잃게 될 것이다. 인도는 고속도로를 건설해야 하며 초고속 열차를 도입해야 하고 더 크고 좋은 공항을 건설해야 한다. 또한 선진국이 되기 위해서는 중국이 하고 있는 것처럼 사람들을 시골에서 도시로 끌어들여야 한다는 사실을 인정해야 한다.[15]

인디라 간디의 아들[iv]이 사망한 뒤, 내가 이런 말을 인디라 간디에게 해주었다. "이 기회에 인도를 개방하고 정책을 바꿔야 합니다. 인도인들이 영국에서, 싱가포르에서, 전 세계에서 얼마나 잘하고 있는지 보세요. 인도는 정책과 관료주의 때문에 이런 뛰어난 사람들의 발목을 잡고 있는 겁니다." 그랬더

역자주)
iv) 인디라 간디는 인도 초대총리 네루(1947~1964년 총리)의 딸로서 1966~1977, 1980~1984년 두 번에 걸쳐 총리를 역임함. 인디라 간디 총리의 차남으로 정치적 후계자였던 산자이 간디가 1980년 비행기사고로 사망함.
인디라 간디 총리가 1984년 암살된 후 장남 라지브 간디가 총리(1984년~1989년)가 되어 3대가 총리가 되었으나 그 역시 타밀 지역 유세 도중 타밀 타이거스 조직원이 꽃다발 속에 넣어둔 폭탄이 터져 폭사함.

니 내게 이렇게 말했다. "나는 그 일을 할 수 없어요. 그게 현실이에요. 인도는 그래요." 나는 다른 아무도 만나지 않았다. 인디라 간디는 비상사태를 선포할 만큼 강단이 있는 사람이었다. 그런 일을 할 만한 배짱이 있는 사람이라면 체제를 바꾸고 인도 기업들을 족쇄에서 풀 만한 배짱도 있을 거라 생각했는데 그게 아니었다. 그때 나는 '인도는 느린 길로 가는구나.' 하고 체념하게 됐다. 바로 그 무렵 나는 중국이 공산주의라는 족쇄에서 풀려나 일어서는 것을 보았다. 나는 인도가 중국과 대등한 레이스를 펼치기는 틀렸음을 깨닫고 인도에 대한 기대를 접었다.[16]

인도는 각자 알아서 자기 갈 길을 찾아야 하는, 각종 규제와 관료주의로 뒤엉켜 있는 덤불숲이다.[17]

인도는 3년에서 5년 안에 인프라를 개선해야 한다. 그렇게 못 할 경우, 글로벌 경제 레이스에서 낙오하게 될 것이다.[18]

인도는 중국이 통신, 운송, 발전소, 수자원 등 인프라 구축과 효과적 정책 운용으로 제조업에 막대한 외국인 직접투자를 유치해서 수많은 일자리를 창출하며 고도성장을 이룬 방식을 본받아야 한다. 인도가 IT 서비스 산업에서 놀라운 성장을 이루긴 했지만, 이 부문의 일자리 창출 효과는 낮다.[19]

인도가 인프라를 제대로 갖추기만 하면 투자자들이 몰려올 것이고 그러면 인도는 매우 빠른 속도로 따라잡을 수 있을 것이다. 인도에 필요한 것은 외국 기업의 경쟁을 허용하는 더 자유화된 체제다. 그렇게 되면 인도는 국제 수준에 맞추어 경쟁할 수 있게 될 것이다.[20]

인도는 도시와 도시를 신속히 연결하는 교통망이 부족하다. 도로, 항만, 철도 등 물류 문제가 제대로 해결되고 쓸데없는 행정 규제를 없애면 인도는 IT 부문뿐만 아니라 제조업 등 모든 분야에서 일자리를 창출하게 될 것이다. 일자리가 늘어나면 인도도 변화할 것이다.[21]

일자리 창출을 위해서는 개혁의 주 추진력을 제조 부문에 두어야 한다. 그러기 위해서는 경기 침체시 구조조정이 가능하도록 노동법을 고칠 필요가 있으며, 사법 절차를 간소화하고, 재정 적자를 줄이고, 관료주의의 족쇄를 풀고, 또 무엇보다 인프라를 개선해야 한다.[22]

인도가 서비스 부문에만 의존해서는 경제 강국으로 성장할 수 없다. 산업혁명 이래 산업 강국이 되지 못하고도 경제 강국이 된 나라는 없다.[23]

중국과 인도 모두 부패에 시달리고 있지만 복잡한 형식 절차를 앞세우는 관료주의 때문에 인도의 효율성이 중국보다 떨어진다.[24]

인도는 무엇보다도 관료적 형식주의를 도려내야 하며, 둘째로 민간 부문에 더 큰 인센티브를 제공해야 하며, 셋째로 인프

라 부족 문제를 해결해야 하며, 끝으로 외국인 직접투자의 기준을 완화할 필요가 있다.[25]

지금 인도가 자유화 조치를 취한다고는 하지만, 국영 기업을 매각하면서 직원은 해고할 수 없다고 한다. 그러면서 어떻게 기업이 이익을 내길 바랄 수 있겠는가? 어떻게 기업을 확장하고 생산성을 올려 다시 근로자를 고용하게 될 수 있겠는가?[26]

교육 받은 계층의 폭이 좁은 것도 장기적으로는 인도의 약점이 될 것이다. 인도의 최상급 인력은 수요가 크지만 많은 엔지니어들과 대학 졸업자들이 변화하는 경제 환경에서 요구되는 능력이 부족하여 실업 상태에 있다. 같은 해에 태어난 인도인 집단의 반수 남짓만이 초등학교 과정을 이수하는데 이는 큰 손실이다.[27]

네루 세대 인도 지도자들은 급속도로 성장과 산업화를 이루고 있는 것처럼 보이던 소련을 선망했다. 영국 경제학자들이 대규모 자본 축적, 대규모 토건 사업, 철강, 농기구 제작 등이 발전의 토대라고 부르짖던 시절이었다. 인도는 그 말을 믿었다. 만모한 싱[v]의 주도로 마침내 인도의 변화가 시작되던 1991년, 92년 무렵은 인도가 이미 40년이라는 성장할 시간을

역자주)
v) 2004년~2014년간 인도총리, 인도준비은행총재, 국가계획위원회 부위원장, 재무부장관, 의무부장관 역임.

잃어버린 후였다. 독점 해체는 그들의 주요 개혁 과제였다. 국영기업 개혁의 최대 난제는 민영화를 반대하는 노조다. 방만하게 운영되던 국영기업들을 민영화로 효율화시키면 인력의 삼분의 이에서 반이 줄어들 것이기 때문이다.[28]

인도는 그 역사로 말미암아 외국 자본에 회의적이며 내부 지향적인 경제를 갖게 됐다. 자립경제 정책은 기술이 급속도로 발전하고 있는 상호의존적 세계에서는 더 이상 유효하지 않다. 인도의 역사적 유산이 남긴 두 번째 유물은 공평 분배에 대한 집착이다. 성장의 초기 단계에서 모든 수익을 재분배하는 것은 계속 성장하는 데 필요한 자본 축적을 저해할 것이다. 부는 기업가 정신, 즉 위험 부담을 감수하는 정신으로부터 솟아나온다. 빈곤층의 생활수준을 올릴 유일한 방법은 파이의 크기를 키우는 것이다. 균등한 소득은 유능하고 근면한 사람들이 더 성과를 내고 경쟁력을 키우는 데 도움이 되지 않는다.[29]

경제 교육을 받은 유권자가 적은 탓에 인도의 지도자들은 경제 포퓰리즘에 안주하기 용이했으며 그 결과 경세자유화는 난항을 겪었다. 국익이 특수 이익에 종속되는 경우도 자주 나타난다. 개혁이 필요한 많은 부문이 특수 이해 집단의 반대에 부딪혀 좌절되었다. 특수 이해 집단은 포퓰리즘의 토양 속에서 번성한다. 지난 20년 간 값싼 식품, 무료 전력, 융자 지원 등 포퓰리즘적 정책이 확산되어 왔다. 이런 정책들은 전체 경제에 막대한 비용을 가중시킨다. 복지와 포퓰리즘을 구분하는 경계가 모호해졌다.[30]

싱가포르에는 인도인 학교가 세 곳 있다. 증설 계획이 있었지만 내가 반대했다. 싱가포르 학교에 다니기 싫으면 인도로 돌아가라는 뜻이다. 인도인 학교를 나와서 영주권자로 계속 거주하며 병역까지 마친다 하더라도 이들은 인도 문화 지향적이라서 쉽사리 이곳에 동화되지 않기 때문이다. 인도인 학교의 교과서는 지식도 정서도 모두 인도 중심적이다. 바로 그 점이 문제다.[31]

인도는 독립 당시 일류 대학교가 많았다. 그 중 여전히 최고의 반열에 드는 인도 공과대학이나 인도 경영대학 같은 몇몇 정상급 대학교를 제외한 나머지 대학교들은 높은 수준을 유지할 수 없었다. 정치적 압력으로 입학 쿼터제를 만들어 카스트 계급을 기준으로 또는 국회의원과의 연줄로 입학할 수 있도록 했던 탓이다.[32]

⊞

중국 경제와 대비해볼 때 향후 10년 간 인도 경제의 전망은 어떠한가?

인도와 중국을 같이 놓고 말해선 안 된다. 양국은 전혀 다르다. 그렇다고 인도가 별 볼일 없는 나라라는 말인가? 그건 아니다. 인도의 역할은 아세안 전체회원국의 역할보다 더 중요하다.[33]

양국 체제는 비교가 안 된다. 중국의 GDP는 인도의 3.5배다. 인도의 성장 속도는 중국의 삼분의 이 수준이다. 그러나 인도도 큰 나라이며 인도양 지역에서 평형추 역할을 한다.[34]

인도 경제는 중국의 60~70% 선까지 성장할 수 있다. 현재 추세로는 그보다 커지지는 않을 것으로 보인다. 하지만 중국의 60~70% 경제 규모에 2050년이면 중국을 능가할 인구는 인도를 무시 못 할 대국으로 만들 것이다. 또한 인도에는 대단히 유능한 인물들이 최상층에 버티고 있다.[35]

그런데 중국의 평화로운 부상이 우려를 불러일으킨 이유는 무엇일까? 인도가 중국과 달리 수많은 정치 세력이 내부적 견제와 균형 체제를 유지하는 민주국가라서 그럴까? 아마 그럴 것이다. 인도의 역대 정부들은 10~20개 정당으로 대연정을 구성해 왔다. 인도는 중국보다 그 힘을 국경 너머로 더 멀리 효과적으로 투사할 수 있지만 아무도 인도가 공격적인 의도를 지녔다고 보면서 두려워하지는 않는다. 인도는 국제 질서에 중국과 같은 도전을 제기하지 않으며, 인도의 사회적 인프라 구축이 제1세계 수준에 이르고 경제 자유화가 더 이루어질 때까지는 앞으로도 그럴 일이 없을 것이다. 실제로 미국과 유럽연합, 일본은 인도의 비중이 중국과 비슷해져 더욱 균형이 잘 이루어진 세계를 바라기 때문에 인도를 응원한다. 만약 인도가 중국을 훨씬 앞지르게 된다면 어떻게 될까? 미국과 유럽은 중국을 응원할까? 나는 아니라고 본다. 서구인들은 문화대혁명의 참화와 톈안먼 광장 학살의 기억으로 더욱 생생해진 "황화(黃禍, yellow peril)"에 대한 공포증이 아직 있으며, 중국 정부의 검열 등에 대한 강한 반감은 말할 것도 없다.[36]

중국은 미국에 관심을 집중하고 있으며 인도와는 적당한 거리를 두려고 할 뿐이다.[37]

인도가 늘어나는 중국 중산층 소비자 수요를 공략해볼 생각이 있는지는 불분명하다. 중국과의 경쟁을 두려워하고 있기 때문이다. 중국이 인도에 자유무역협정을 제안했지만 중국 상품이 인도 시장을 휩쓸게 될 것을 염려한 인도는 이 제안을 덥석 받아들이지 않았다.[38]

자유시장이 있는 한, 인도는 중국보다 좋은 조건을 제시해 경쟁에서 이길 수 있는 방법을 배우기만 하면 된다. 중국은 인도와 전쟁을 벌이지 않을 것이다. 중국이 기꺼이 감수하려는 위험은 다른 종류의 것이다. 예컨대 중국은 분쟁지역인 니제르 삼각주 지역에까지 진출하고 있다. 중국인의 돈과 목숨까지 잃을 위험이 있지만 중국은 그럴 가치가 있다고 판단한 것

이다. 앙골라와 수단에서도 마찬가지다. 중국은 이란으로부터
도 원하는 것이 있다. 중앙아시아 국가들과도 친교를 맺고 있
다. 중국은 카자흐스탄에서 중국까지 수천 킬로미터에 이르는
송유관을 부설하고 싶어 하며 그 대역사를 시작할 준비가 되
어 있다. 이게 바로 자유시장 경쟁이다. 나는 중국이 어느 나
라에 대해서든 "인도에 팔기로 동의하면 가만 두지 않겠소."라
는 식으로 위협할 것으로는 보지 않는다. 중국은 아마 "인도가
무슨 조건을 제시하든 우리는 더 좋은 조건을 제시하겠소."라
고 할 것이다. 중국은 게임의 규칙에 따라 경기할 것이고 그렇
게 해도 충분히 이길 것을 자신한다.[39]

인도의 민주주의 모델은 특히 중국의 권위주의 모델과
대비해볼 때 다른 아시아 국가들에 어떤 의미를 갖는가?

인도의 모델이 중국보다 더 나은 결과를 성취하고 있다면 큰
의미가 있겠지만 그렇지 않다.[40]

경제에서 성과를 제대로 이뤄내지 못하는 정치체제는 더 생
산적인 정치체제에 결국 자리를 내주게 될 것이다.[41]

민주주의가 무기력의 핑계거리가 되어서는 안 된다. 경제에

서 실패한 권위주의 정부의 사례도 많이 있고, 탁월한 경제적 성과를 이뤄낸 민주주의 정부의 사례도 그에 못지않게 많이 있다. 진짜 문제는 민주주의냐 권위주의냐와는 상관없이 그 나라의 정치체제가 모든 사람을 위한 일자리 창출과 경제 성장에 필요한 정책에 대해 공감대를 형성할 수 있느냐 그리고 이러한 기본 정책을 큰 탈 없이 일관성 있게 이행할 수 있느냐의 여부다.[42]

비록 초기 단계에는 중국이 개혁을 더 빨리 이행할 수 있어 유리했지만 인도의 민주주의와 법치주의 체제는 장기적으로는 중국보다 유리한 요인으로 작용할 것이다.[43]

중국의 정치 구조가 고도성장의 결과로 나타난 사회 변화를 적절히 수용하도록 진화하지 않는다면 인도는 장기적으로 더 유연한 정치체제로 인한 이점을 누리게 될 것이다.[44]

⊕

인도는 아시아에서 중국을 상대로 전략적 평형추 역할을 맡을 수 있는가?

내게는 인도가 가급적 일찍 국제 정치 무대에 주요 경제 강국으로 떠오르기를 바라는 이기적인 동기가 있다. 인도가 떠오르지 않으면 아시아는 가라앉을 것이다.(리콴유가 1974년 J. R. D. 타타 회장에게 한 말이다)[45]

"리콴유는 아시아에서 일어날지 모를 '불법침입'을 억지하기 위해 다자간 안보 체제를 통해서든 아니면 '아시아판 먼로 독트린'을 천명하는 방식으로든 인도의 존재를 활용할 필요성을 강조했다. 인도는 '역학 관계가 아니라 평등의 바탕 위에서' 대외 정책을 수행해왔기 때문에 이런 역할을 맡을 적임자라고 설명했다. 리콴유는 '인도가 동남아시아의 작은 나라들의 안보와 정치적 안정, 경제 개발 등에 적극적인 관심을 가질 것을' 촉구하며 인도에 대해 '보호자' 역할을 주문했다."(1970년대 말 서방 세력이 빠져나간 뒤의 동남아시아에 대한 리콴유의 견해에 대한 수난다 K. 다타 레이의 평)[46]

그런 역할을 맡기에 한국은 너무 작다. 베트남도 너무 작다. 동남아시아는 너무 이질적인 집합체다. 균형을 유지하려면 다른 큰 나라가 필요하다.[47]

어느 나라가 평형추가 될 것인가? 일본은 평형추가 될 수 없다. 일본과 미국이 합세하면 경제적으로나, 물리적으로나, 군사적으로 평형추가 될 수 있겠지만, 100년 혹은 200년 후 미국의 아시아 지배력이 약화된다면 어느 나라가 평형추 역할을 맡을 것인가? 이곳 아시아를 영원히 떠나지 않을 인도밖에 없다.[48]

인도는 군 현대화 특히 해군을 중심으로 한 현대화에 성공하여 안보 태세를 확립했다. 중국이 미얀마와 파키스탄에 각각 한 곳씩 항만을 건설하고 있기는 하지만 인도가 오랫동안 인도양을 지배할 것이다.[49]

지리적으로 인도는 태평양 권역에 속하지 않는다. 하지만 미국과 중국의 경합은 태평양뿐만 아니라 인도양에서도 벌어질 것이다. 중국은 걸프 만에서 실어오는 원유의 공급로와 아프리카에서 오는 상품의 수송로를 보호하기 위해 인도양으로 일부 해군력을 옮겨왔다. 그런데 인도양에서는 인도가 중요한 세력의 하나다. 만약 인도가 미국 편에 선다면 미국은 크게 유리해질 것이다. 그러므로 중국도 대비책을 세워야 하며 그 일환으로 미얀마와 파키스탄에 항만을 개발해왔다.[50]

인도는 동남아시아에 경제적 혹은 지정학적 영향력을 크게 행사하지 않는데, 이는 이 지역의 관심이 힘 투사(power projection)의 근원지인 중국에 모아져 있기 때문이다.[51]

中

미국-인도 관계의 전망은 어떠한가?

중국을 포위하기 위한 미국-인도 간 전략적 동반자 관계의 성립은 당장은 예상하기 어렵다. 미국과 전략적 동반자 관계를 발전시킨다 하더라도 인도는 독자성을 유지할 것이다. 인도는 중국과 관련된 자국의 이익을 지킬 것이며 서로 이익이 일치할 경우에는 중국과 협력할 것이다.[52]

제5장

이슬람 극단주의의 미래
The Future of Islamic Extremism

이슬람 극단주의는 어떤 위협을 서방에 가하는가? 이슬람 극단주의의 뿌리는 무엇인가? 이슬람 자체는 이슬람 극단주의를 조장하는 데에 어떤 역할을 하는가? 이슬람 극단주의자들의 주목적은 무엇인가? 이슬람 극단주의자들이 그런 목적을 달성할 가능성은 어느 정도인가? 어떤 요인들이 이슬람 극단주의의 미래에 영향을 주게 될 것인가? 온건한 무슬림들은 이슬람 극단주의와의 싸움에서 어떤 역할을 하는가? 이슬람 극단주의는 앞으로 얼마나 더 세계 안보의 위협으로 남아있을 것인가? 이러한 질문들에 대한 리콴유의 답변은 싱가포르가 무슬림 국가들과 이웃하고 있으며 잠재적인 테러 공격의 위협에 노출되어 있다는 사실을 반영한다.

이슬람 극단주의는 어떤 위협을 서방에 가하는가?

세계는 더 이상 공산주의 대 민주주의나 동서 간의 대결구도로 나뉘지 않는다. 이제는 무슬림 테러리스트 대 미국, 이스라엘, 그리고 그 지원국들로 나뉜다. 그리고 과격 이슬람 세력과 온건 이슬람 세력 사이에 제2의 전선이 형성돼 있다.[1]

우리는 문명의 역사 이래 경험한 적 없는 완전히 새로운 상황에 직면해 있다. 다른 사람들에게 위해를 가할 목적으로 기꺼이 자기 자신을 파괴하려는 사람들을 상대하고 있는 것이다. 유일한 유례로 타밀 타이거즈(Tamil Tigers)[i]가 있었다. 하지만 이들은 스리랑카에 타밀 국가를 건설한다는 구체적인 명분을 위해 싸웠다. 반면 과격 이슬람 세력은 종교적 신념이라는 전혀 다른 성격의 명분을 위해 싸운다.[2]

알카에다(Al Qaeda)[ii] 식 테러리즘은 세계가 무대라는 점에서 새롭고 독특하다. 모로코에서 발생한 사건이 인도네시아의 극단주의자들을 격정에 휩싸이게 할 수도 있다. 세계 도처의 이런 극단주의자들은 분파는 달라도 광신적 열정을 공유한다.[3]

이렇게 급증한 이슬람주의 테러리즘을 제압하는 데는 여러 해가 걸릴 것이다. 그동안 세계는 이런 테러리스트들이 대량 살상 무기를 획득할 위험을 안고 살아야 한다. 그런 사태가 발생한다면 끔찍한 대규모 살육이 벌어질 것이다. 불량국가들의 핵개발 계획을 중지시키고 비축 무기와 원료를 회수하는 것이

역자주)

i) 타밀 타이거즈는 스리랑카의 북부·동부 주를 통합한 타밀 국가의 건설을 목표로 하는 과격파 조직이며 1990년 스리랑카의 내전에 개입하는 인도에 저항하기 위해 인도 라지브 간디를 암살했음.

ii) 알카에다는 사우디 아라비아 출신인 오사마 빈 라덴이 창시한, 무슬림에 의한 국제 무장 세력망임. 이슬람 원리주의에 속해 반미국, 반유대를 표방함.

알카에다는 소련의 아프가니스탄 침공에 대항한 이슬람 의용군(무자헤딘)이 연대한 조직이 기원임. 2001년에는 뉴욕 세계무역센터와 워싱턴DC 국방부 건물 테러 사건에 관여했다고 간주됨.

중요한 까닭이 여기에 있다.[4]

이슬람이 아니라 현대의 극단적 이슬람주의가 문제다. 석유만으로도 인화성이 높은데 이슬람주의까지 더하면 일촉즉발의 휘발성 배합물이 된다. 여기에 대량 살상 무기까지 더하면 가공할 위험으로 전화한다. 핵 무장 능력을 갖춘 이란은 지정학적 균형을 크게 바꿔 놓을 것이다. 중동의 다른 나라들 역시 핵무기를 원할 것이고 이에 따라 대량 살상 무기(WMD)를 제조할 수 있는 핵분열 물질이 테러리스트의 수중에 들어가게 될 가능성이 높아지게 될 것이다.[5]

꿔

이슬람 극단주의의 뿌리는 무엇인가?

이스라엘−팔레스타인 분쟁은 이슬람 테러리즘의 원인이 아니다. 특히 중동 지역을 중심으로 무슬림들 사이에는 그동안 서방이 너무나 오랫동안 자신들을 억눌러왔으며 이제 자신들의 시대가 왔다는 깊은 믿음이 있다. 1950년대와 60년대의 범아랍 민족주의는 무슬림 세계를 통합하는 데 실패했지만 이슬람적 열정은 이를 대체하는 통합력으로 자리 잡았다.[6]

과격 이슬람주의는 세계화 과정에서 뒤처진 사람들 가운

데 형성된 불안감과 소외감을 먹고 자란다. 그리고 주로 미국이 세계화를 주도하고 있으므로 과격 이슬람주의는 미국과 미국인을 이슬람에 대한 위협으로 간주한다. 미국이 이스라엘을 확고부동하게 지원하는 것도 이러한 위협의식을 악화시킨다. 하지만 테러리즘은 중동 문제가 해결되더라도 계속될 것이다.[7]

이스라엘 건국 이래 중동의 아랍인들은 학교에서, 종교 교육 시설인 마드라사에서, 그리고 회교 사원에서 이스라엘과 유대인을 증오하도록 가르쳤으며, 팔레스타인 점령지에 막강한 이스라엘 군대가 침공하는 영상을 반복하여 방송함으로써 규칙적으로 그런 증오심을 강화해왔다. 40년 동안의 불균등한 경제 발전 이후 많은 아랍인들은 과거 찬란했던 이슬람 문명이 서구 국가들에 의해 왜소해지고 특히 미국의 부도덕한 문화로 인해 타락되었다며 모욕감과 분노를 느낀다. 팔레스타인 분쟁의 종식은 극단주의자들에게서 지지 세력을 규합할 편리한 명분 하나를 박탈할 것이다. 하지만 아랍 국가들과 이슬람 신정국가들에 자리 잡은 과격 단체들의 실패가 명백해지지 않는 한, 비아랍권의 제마 이슬라미야(Jemaah Islamiyah)[iii]

나 다른 호전적 집단들은 계속해서 극단주의자들을 모집할 것이다. 설사 이스라엘-팔레스타인 문제가 타결되더라도 미국과 서구 동맹국들은 광신적, 호전적 집단에게는 미래가 없음을 비아랍권 무슬림들에게 분명하게 보여줄 수 있도록 경제, 군사 등 모든 수단을 동원하여 과격 이슬람 주의를 반드시 물리쳐야 한다.[8]

동남아시아에서 이슬람의 성격은 지난 30년 동안 변천을 거듭해왔다. 첫째이자 가장 중요한 변화의 계기는 1973년 유가가 네 배로 뛰어오르자 사우디아라비아가 세계 도처에 회교 사원과 종교 학교를 짓고 성직자 급료 등 포교 활동에 필요한 재정 지원을 아끼지 않으며 이슬람 교리의 엄격한 실천을 강조하는 와하브주의 이슬람(Wahhabist Islam)[iv]의 교리와 관습을 전파한 일이다. 그 다음으로 1979년 이란의 샤 정권 타도는 이슬람의 힘에 대한 무슬림들의 믿음에 엄청난 영향을 미쳤다. 마지막으로 1980년대와 90년대에 많은 동남아시아 무슬림들이 아프가니스탄에서 지하드(성전, 聖戰)에 참여한 것이 동남아시아 무슬림의 상당수를 급진적으로 만들었다.[9]

역자주)

iv) 18세기 중엽 사우디 가의 중심인물인 압둘 와하브가 중심이 되어 시작된 이슬람교의 부흥운동임. 아랍인들에 의해 유일신 사상에 바탕을 둔, 순수한 초기의 이슬람 정신으로 돌아가자는 이슬람 복고주의적 성격을 가진 사회운동임. 이슬람 근대화의 길잡이가 되었으며 오늘날 확산되고 있는 이슬람 원리주의의 사상적 뿌리가 되었음.

우리 싱가포르의 무슬림들에게 "어떻게 그렇게 엄격한 신앙 생활을 하게 됐는가?"라고 물었더니, "더 많이 배울수록 지켜야 할 것들을 더 잘 이해하게 되기 때문"이라고 했다. 하지만 더 큰 요인은 이슬람 세계의 중심부로부터 가해지는 동조 압력(peer pressure)이다. 사우디가 회교 사원, 종교 학교, 종교 교사 등에 대한 자금 지원을 한 결과로 전 세계에 걸쳐 독실한 이슬람 인구가 늘어났다. 이들 중 일부 열성파는 극단주의 과격파들에게 포섭되어 지하디스트(성전주의자, 聖戰主義者)가 되었다. 알카에다와 각지의 알카에다 산하 극단주의자들은 회교 사원에서 적당한 후보들을 물색·포섭한 후 은밀한 학습모임을 통해 전 세계에서 억압받고 있는 모든 무슬림들을 위해 투쟁하고 필요시 대의를 위해 목숨을 바치고 순교자가 되는 것이 모든 훌륭한 무슬림의 의무라고 가르친다.[10]

동남아시아의 무슬림들은 다르다. 이들은 그렇게 엄격하지 않으며 사람들과 잘 어울린다. 하지만 석유 파동으로 석유 달러가 무슬림 세계의 주요 변수가 된 이래 지난 30여 년에 걸쳐 원리주의자들이 와하브주의 교리를 가르치는 종교 학교와 사원을 세우고, 성직자들을 파송하고, 강연회를 개최하며 사람들을 개종시켜왔다. 원리주의의 세계화, 네트워크화라고 할 수 있다. 그 결과 동남아시아의 무슬림들뿐만 아니라 사실상 전 세계 무슬림들이 서서히 사우디아라비아식 이슬람주의야

말로 참된 무슬림이 따라야 할 이슬람의 표준이라고 생각하게
됐다.[11]

꠵

이슬람 자체는 이슬람 극단주의를 조장하는 데에 어떤
역할을 하는가?

무슬림들은 우리를 동화시키려고 한다. 일방통행식이다. 그
들은 다른 선택을 허용할 자신이 없다.[12]

새뮤얼 헌팅턴이 '포린 어페어스(Foreign Affairs)' 지에 기고한
〈문명의 충돌〉이라는 글을 내게 보낸 적이 있다. 그를 만났을
때 나는 무슬림과 관련된 부분에서만 그의 의견에 동의한다고
말했다. 힌두교, 중국의 유교나 공산주의, 일본의 신도, 이런
것들은 사실 세속적이다. 이 사람들은 나라가 발전하려면 과
학과 기술을 마스터해야 한다는 것을 안다. 하지만 무슬림들
은 코란을 마스터하고 무함마드가 규정해놓은 모든 것을 실행
할 자세가 되어 있으면 성공할 것이라고 믿는다. 그렇기 때문
에 우리는 이들이 문제가 될 것을 예상했던 것이고, 실제 그렇
게 되었다.[13]

무슬림들은 사회적으로는 어떤 문제도 일으키지 않지만 다

른 사람들과 뚜렷이 구분되며 동떨어진 삶을 산다. 이슬람교
는 배타적이다.[14]

                         ⊞

이슬람 극단주의자들의 주목적은 무엇인가?

이슬람주의자들은 이슬람의 영광을 재현할 때가 무르익었다
고 믿는다. 이들 가운데 지하디스트들은 제2의 전장으로 이라
크를 선택했다. 목표는 아프가니스탄에서 소련을 몰아냈던 것
처럼 미국을 이라크에서 몰아내는 것이다. 몇몇 나라의 과격
이슬람 단체들은 문명의 충돌을 획책하고 있으며 석유의 힘으
로 그 수단을 마련하고 있다.[15]

오사마 빈 라덴이 원하는 것은 걸프만 국가들의 석유를 모두
확보하고 탈레반 방식의 체제를 세우는 것이다. 그렇게 해서
기독교권 유럽과 미국, 일본, 중국 등 모든 산업 국가들의 명
줄을 쥐게 되면 전 세계에 걸친 이슬람 칼리프 제국을 세울 수
있다는 생각이다.[16]

이라크의 상황 때문에 테러리즘이 악화되었을까? 단기적으
로는 그렇다. 그러나 테러리즘은 그 전에 이미 악화될 준비가
되어 있었다. 이라크 전쟁이 발발하기 전부터 싱가포르, 인도

네시아, 필리핀, 스페인, 네덜란드, 영국, 그 밖의 여러 나라에 있는 지하디스트 추종자들은 이맘(imam. 이슬람 성직자)들과 함께 순교자가 될 준비를 하고 있었다. 지하디스트들은 이스라엘을 무너뜨리고 미국을 걸프 지역 원유 생산국들에서 몰아내려고 한다. 이렇듯 증오심을 원료로 하는 마녀의 약은 미국이 이라크 또는 아프가니스탄에서 어떤 조치를 취했든 그와는 무관하게 조제되었을 것이다. 지하디스트에 의한 무차별 살상은 여러 해 동안 이어질 것이고, 지하디스트와 그 지도자들이 무고한 사람들을 폭탄으로 해치는 것으로는 자신들의 뜻이 관철되기는커녕, 요르단 같은 이슬람 국가들을 포함하여 전 세계가 등을 돌리게 만든다는 사실을 깨달을 때 비로소 멈추게 될 것이다.[17]

⊞

이슬람 극단주의자들이 그들의 목적을 달성할 가능성은 어느 정도인가?

알카에다 이슬람 극단주의자들은 대규모 자살 폭탄 공격을 계속해서 미국인들을 중동에서 몰아내고, 미국을 무너뜨리고, 유럽을 두려움에 떨게 함으로써 7세기 때처럼 순수하고 경건한 이슬람 사회를 건설할 수 있을 것이라고 믿고 있다. 이들은 성공할 수 없다. 왜냐하면 기술은 계속 발전하여 기독교도, 무슬림, 유대교도, 불교도, 힌두교도, 무신론자, 불가지론자를 가리지 않고 모든 사회의 경제와 생활방식을 변화시킬 것이기 때문이다.[18]

이슬람 극단주의자들의 승리, 다시 말해, 다른 사회가 그들의 극단주의 체제를 받아들이게 만든다는 의미의 승리는 있을 수 없다고 본다. 이들이 공포와 불안을 야기할 수는 있겠지만 이들에게는 한 국가를 압도할 만한 기술력이나 조직이 없다.[19]

이들은 말레이시아, 인도네시아, 필리핀 남부 지방, 싱가포르를 병합한 이슬람 칼리프 국가를 세우려고 한다. 터무니없는 망상이다. 인도네시아가 주축이 된 칼리프 국가에 태국, 말레이시아, 필리핀 등의 무슬림들이 순순히 권력을 포기하고 주권을 넘겨줄 리가 있겠는가? 20년이 걸릴지 30년이 걸릴지는 모르지만 결국 신정국가는 실패할 것이다. 무슬림 세계에서 신정국가가 연거푸 무너지면서 신정국가도 공산주의 국가처럼 신기루에 불과함을 보여줄 것이다.[20]

유럽과 미국이 이슬람 테러리스트들을 물리치기 위해 모든 수단을 동원한 단호한 조치를 취한다면 테러리스트들은 이들 나라들에 두려움을 줄 수 있는 능력을 점차 잃게 될 것이다. 유럽과 미국의 무슬림들이 테러리스트들과 거리를 두고 그들

속에 숨어있는 테러리스트를 신고하지 않는다면 그들도 두려움의 대상이 되며 사람들로부터 배척당할 것이다. 좋은 직장을 구하기도 어렵게 될 것이다. 이슬람 국가들의 온건한 무슬림들은 서둘러 극단주의자들을 척결해야 한다. 만일 그렇게 하지 않는다면 아프가니스탄의 탈레반과 같은 세력에게 정권을 빼앗기고 말 것이다.[21]

오사마 빈 라덴의 사망 이후 이슬람 극단주의 운동은 분산된 네트워크 형태로 각 집단이 독립적으로 운영되고 있다. 이에 따라 극단주의 세력은 더 다양해졌으며 정확한 추적이 어렵게 되었다. 그 대신 이렇게 소규모로 분리된 테러리스트 집단들에게는 9·11 사태와 같은 대규모 공격을 구상하고 실행할 만한 수뇌부가 없다.[22]

⊞

어떤 요인들이 이슬람 극단주의의 미래에 영향을 주게 될 것인가?

지금으로부터 10년, 15년 혹은 25년 뒤 이슬람 극단주의가 더 큰 문제가 될지 더 작은 문제가 될지는 산유국들에서, 특히 사우디아라비아에서 어떤 일이 생길지에 달려 있다.[23]

이라크를 불안정한 상태로 내버려두는 데 따르는 비용은 클 것이다. 온 사방의 지하디스트들은 더 대담해질 것이다. 몇 해 전에는 아프가니스탄의 탈레반 정권과 이라크의 사담 후세인 정권이 이란을 견제했었다. 탈레반이 다시 힘을 모으고 있으며, 아프가니스탄이나 파키스탄에서 탈레반이 승리할 경우, 그 파장이 무슬림 세계 전체에 큰 반향을 일으킬 것이다. 이슬람의 미래를 두고 벌이는 무슬림들 사이의 대토론에도 영향을 줄 것이다. 탈레반이라는 전근대적 이슬람 세력이 현대사회의 두 강국 소련과 미국을 연거푸 패배시킨 셈이 될 것이다. 이런 사태는 특히 테러리즘과의 전쟁에 심각한 결과를 가져오게 될 것이다.[24]

만일 미국이 이라크에서 너무 일찍 철수하게 된다면 온 사방의 지하디스트들은 더 대담해져서 싸움을 미국과 그 우방국, 동맹국으로 확대할 것이다. 아프가니스탄에서는 소련을, 이라크에서는 미국을 꺾었으니 이제 세계를 바꿀 수도 있다고 생각할 것이다. 더 문제가 되는 것은, 만일 이라크에서 내전이 발발한다면 이집트, 이란, 요르단, 레바논, 사우디아라비아, 시리아, 터키 등을 끌어들이면서 그 분쟁은 중동 전 지역을 불안정하게 만들 것이다.[25]

테러 공격 때문에 미군이 이라크를 성급히 떠난다면 세계 도처의 이슬람 테러리스트들의 기세는 크게 오를 것이다. 베트남 사람들이 미국이 떠나는 모습을 보는 데 만족하고 사회주의 국가 건설에 집중한 것과는 달리, 이슬람 과격분자들은 떠나는 미국인을 전 세계 구석구석까지 뒤쫓을 것이다. 만일 이런 과격분자들이 이라크에서 미국을 꺾는 데 성공한다면, 전 세계에 걸친 이슬람 칼리프 제국을 추구하며 죽음을 불사하는 이들의 광적인 집착은 더욱 강력한 힘을 얻게 될 것이다.[26]

中

온건한 무슬림들은 이슬람 극단주의와의 싸움에서 어떤 역할을 하는가?

무슬림들만이 이 싸움을 승리로 이끌 수 있다. 현대화를 진행 중인 온건 이슬람 국가들의 정치·종교·시민사회 지도자들은 다 함께 원리주의자들을 논박하는 논증을 제시해야 한다. 그러나 선진국들이 도울 일도 있다. 나토(북대서양 조약기구) 동맹국들이 단단한 결속력을 보여줘야 한다. 현대화에 나선 이슬람 국가들에게 미국과 그 동맹국들은 그들이 승리할 수 있도록 자원, 에너지 등 모든 지원을 아끼지 않을 것이라는 믿음을 줘야 한다. 아무도 패배하는 쪽에 서기를 원치 않는다.[27]

온건하고 더 현대화된 방식으로 사는 무슬림들만이 무슬림의 영혼을 통제하려는 원리주의자들과 싸울 수 있다. 무슬림들은 이슬람의 왜곡된 해석에 바탕을 둔 테러리스트들의 이데올로기에 맞서 싸워야 한다. 원리주의 이슬람 테러리스트들이 그들의 이슬람 국가를 세우기 위해 온건 이슬람 지도자들을 몰아내려 할 때 이 싸움은 시작될 것이다.[28]

내가 제마 이슬라미야 단체와 같은 극단주의 테러리스트들과 이들을 세뇌한 지하디스트 성직자들에 대해 얘기한 적이 있었다. 이들은 자기들 의견에 동의하지 않는 사람은 모두 처단하려는 무자비한 자들이다. 따라서 이들의 이슬람주의는 비정상적으로 왜곡된 것이며, 싱가포르 무슬림의 압도적 다수는 이들을 지지하지 않는다. 나는 또한 우리의 무슬림 지도자들은 합리적이라는 점을 지적했으며, 또한 극단주의 테러리즘에 대한 궁극적 해결 방안은 자신들의 폭력적 목적을 실행할 자원자들을 모집하기 위해 이슬람을 왜곡하는 과격분자들에 맞서 온건파 무슬림들이 분명한 자세로 반대의 목소리를 공개적으로 낼 수 있도록 용기를 불어넣어 주는 것이라는 점도 지적했다.[29]

일견, 이 싸움은 무슬림 세계의 극단주의 과격파들에 대항하여 미국, 이스라엘, 그리고 서구 동맹국들이 벌이는 싸움으로 보인다. 그러나 더 깊이 들여다보면 이 싸움의 본질은 극단주의 무슬림과 합리주의 무슬림 사이, 그리고 원리주의 무슬림

과 현대주의 무슬림 사이에서 이슬람교의 의미를 두고 벌이는 투쟁이다.[30]

결국 이 싸움은 11세기의 이슬람교(당시 이슬람교는 바깥세상을 차단하고 새로운 사상과 담을 쌓았다)로 돌아가기를 바라는 무슬림들과 21세기에 걸맞은 현대식 이슬람교를 바라는 무슬림들 간의 다툼으로 요약될 것이다. 만약 서구가 테러리즘과의 전쟁에서도 냉전 당시 그랬던 것처럼 전략상의 합의를 이루어낸다면, 일본, 중국, 러시아 등과 힘을 합쳐, 이슬람 사회의 현대화를 바라는 무슬림들은 자신감과 용기를 가지고 극단주의자들과 맞서며 이들이 더 많은 테러리스트를 양성하지 못하도록 나설 것이다.[31]

이슬람 세계에서 온건파들이 회교 사원이나 종교 학교에서 극단주의자들에 맞서 확실한 입장을 밝히고 주도적으로 논쟁을 하지 않는 것은 문제를 회피함으로써 결국 극단주의자들로 하여금 이슬람교뿐만이 아니라 전 무슬림 공동체 사회를 장악하도록 허용하는 것이나 마찬가지다.[32]

대다수 무슬림들은 테러리즘이나 극단주의와는 무관하다. 하지만 호전적인 테러리스트 집단들이 이슬람교를 장악하여 추동력으로 악용하고 있으며 이슬람교를 끔찍한 방식으로 왜곡해왔다. 이슬람 세계 도처에서 이런 과격분자들이 자기네식 이슬람교를 강요하려 하고 있다. 온건한 무슬림 대다수는 한편으로는 팔레스타인 사람들에 대한 동정과 공감 그리고 이스라엘에 대한 분노를 느끼고, 또 다른 한편으로는 성장과 발전을 구가하는 평화로운 삶을 갈구하며, 이 둘 사이에서 갈등하고 있다. 테러 문제를 해결하기 위해서는 미국과 다른 나라들이 온건하며 관대한 무슬림들을 지원하여 이들이 이길 수 있도록 도와야 한다.[33]

테러리스트 자원자가 늘어나는 추세를 막으려면 미국과 유럽은 코란의 구절을 문맥에 안 맞게 왜곡하고, 비무슬림에 대한 증오를 설파하며, 폭력을 통해 이슬람교를 확산하려고 하는 극단적 이데올로기를 규탄해야 한다. 과학과 기술의 현대 문명 세계의 일원이고자 하는 무슬림들은 이런 과격 이슬람주의자들이 폭력과 증오를 설파하지 못하도록 막아야 하며 이들과 맞서야 한다. 그러기 위해서는 무슬림 학자들과 종교 교사들이 이슬람은 공포가 아닌 평화의 종교이며 이슬람은 다른 사람들과 그 신앙에 대해 관대한 종교임을 가르칠 수 있도록 해야 한다. 영국의 경우처럼 무슬림이 소수인 나라의 무슬림들은 이슬람 테러리스트에 대해 분명한 입장을 취해야 한다. 파키스탄이나 이라크 같은 이슬람 국가의 무슬림들은 과격 이슬람주의자들과 맞서거나 아프가니스탄에서 탈레반이 그랬던 것처럼 그들이 정부를 전복시키고 사회를 봉건시대로 되돌리는 상황을 목도하거나 양단간에 결정을 내려야 하는 상황에

직면할 것이다.[34]

미국은 좀 더 다각적인 방식으로 지하디스트 단체들을 격리하고 많은 온건파 무슬림들과 함께 유럽, 러시아, 중국, 인도, 그리고 모든 비이슬람 정부들을 미국의 대의명분 아래 규합할 필요가 있다. 이슬람 광신자들이 부채질하고 있는 증오의 불길과 싸우려면 전 세계적 연대가 필요하다. 온건파 이슬람 정부, 예컨대 인도네시아, 말레이시아, 페르시아 만 국가들, 이집트, 요르단 같은 나라의 정부가 이슬람 테러리즘에 맞서는 다자간 연합체에 공개적으로 참가하는 것을 편안하게 받아들일 때 이 싸움의 형세는 일변하여 극단주의자들이 수세에 처할 것이다.[35]

장기적인 부담을 지탱할 수 있도록 미국은 광범위한 동맹을 형성해 그들이 짊어지고 있는 과도한 짐을 덜어 동맹들과 나누어 질 수 있도록 해야 한다. 미국은 이 문제의 기본적 대의명분과 해결 방안에 대해 다른 나라들이 동의를 얻을 필요가 있다. 문제는 가난도 아니며 박탈감도 아니다. 문제는 좀 더 근본적인 데 있는 것으로, 아랍과 이슬람 세계의 되살아난 자부심이며 그들의 시대가 왔다는 믿음이다. 따라서 목표는 온건파 무슬림들에게 그들이 지지 않을 것이라는 믿음, 전 세계가 모든 자원을 총동원하여 그들의 뒤를 받쳐주고 있다는 믿음을 심어주며 그들을 설득하는 데 두어야 한다. 온건파 무슬

림들이 회교 사원과 종교 학교에 들어가서 과격파들의 목소리를 잠재우려면 용기가 필요하다.[36]

中

이슬람 극단주의는 앞으로 얼마나 더 세계 안보의 위협으로 남아있을 것인가?

이슬람 테러리즘은 1970년대부터 곪아왔으며 그 종기를 조만간 쉽사리 제거할 수는 없다. 테러와의 전쟁은 길고도 험난한 일이 될 것이다. 테러범들, 대량 살상 무기, 이스라엘-팔레스타인 간의 계속되는 분쟁 등은 앞으로도 여러 해 동안 위협을 제기할 것이다.[37]

이슬람 테러리즘은 매우 오랫동안 세계의 문제로 남아있을 것이며, 이 문제는 2004년 미국 대선에서 누가 승리하든지 바뀌지 않을 것이다.[38]

이슬람 테러리즘의 문제는 쉽사리 근절할 수 없을 것이다. 온건한 무슬림들이 일어서서 극단주의에 반대하는 목소리를 낼 수 있도록 힘을 실어 주어야 한다. 그렇게 할 수 있다는 자심감이 온건파들에게는 필요하다. 우리가 승리할 수 있는 결정적 순간에 도달할 때까지 얼마나 시간이 더 걸릴지는 모르겠다. 우리가 이슬람 테러리스트들에게 폭력적인 방법은 통하지 않는다는 것을 보여줄 때까지 이들은 폭력을 계속 사용할 것이다. 만일 테러리스트들이 이라크에서 성공한다면, 다른 나라들, 예컨대 인도네시아 같은 나라에 가서 그곳 세속 정부도 무너뜨리려고 할 것이다.[39]

미국의 실책은 군사적 해결책 위주로 접근하는 데 있다. 무력도 사용할 필요가 있다. 하지만 무력은 문제의 일부만을 해결할 뿐이다. 테러리스트들을 죽이는 것은 일벌을 죽이는 것과 같다. 여왕벌은 학교와 이슬람 센터에서 왜곡된 이슬람을 설파하며 젊은이들의 마음을 사로잡고 비뚤어지게 만들고 있는 이슬람 성직자들이다. 테러리스트들은 이렇게 말한다. "순교자로 죽을 수 있다면 나는 행복하다. 내 뒤를 이을 사람이 백만 명은 더 있다."[40]

파키스탄이 많은 테러리스트들의 근거지로 이용되고 있는 상황이 오랫동안 계속될 것 같다. 파키스탄 상황이 더 악화될 가능성이 높다는 점이 걱정스럽다.[41]

제6장

⊞

국가 경제 성장의 미래
The Future of National Economic Growth

불과 한 세대 만에 제3세계에서 제1세계로 도약한 싱가포르를 통해 배울 수 있는 교훈은 무엇인가? 국가 성장과 경쟁력의 주된 원동력은 무엇인가? 성장과 경쟁력을 추동하는 데 있어 가치관과 같은 무형적 요인들의 역할은 무엇인가? 오늘날 근로자들이 갖추어야 할 핵심 역량들은 무엇인가? 이 질문들에 대해 리콴유는 이삼십 년 사이에 싱가포르를 제3세계에서 제1세계로 도약시킨 특별한 경험을 바탕으로 통찰력 있는 해답을 제시한다.

불과 한 세대 만에 제3세계에서 제1세계로 도약한 싱가포르를 통해 배울 수 있는 교훈은 무엇인가?

먼저 싱가포르인을 정의하자면, 누구든지 싱가포르인이 되고자 하면 싱가포르인이라는 것이다. 이건 미국에서 본받은 것이다. 브레진스키든 베를루스코니든 와서 미국인이 되고자 하면 개명을 요구하지도 않고 미국인으로 받아들이지 않는가. 우리는 더더욱 인재가 필요하니 오는 사람 마다하지 않는다. 이런 태도는 우리를 규정하는 속성이다.[1]

싱가포르의 첫 과제는 인구와 자원이 많은 큰 나라들 사이에서 과연 어떻게 생존할 것인가 하는 것이었다. 우리를 그들과 어떻게 차별화할 것인가? 그들의 시스템이 불투명할 때 우리는 투명한 시스템을 구축했다. 그들의 법의 지배가 허울뿐일 때 우리는 엄격한 법치를 실시했다. 일단 합의를 하거나 결정을 내리면 반드시 지켰다. 그렇게 해서 투자자들의 신뢰를 얻었다. 세계 수준의 기반시설과 영어로 교육 받은 세계 수준의 지원 인력을 갖췄다. 통신 기반시설도 공중파, 해상, 케이블, 위성, 이제 인터넷까지 완벽하게 갖췄다.[2]

'천천히 서두르라'는 말을 따른 것도 주효했다. 자신의 민족적, 문화적, 종교적 정체성과 언어적 정체성을 기꺼이 잃는 사람은 없다. 국가가 존속하려면 국민이 공유하는 속성들이 있어야 한다. 그렇다고 그걸 억지로 강요하면 문제가 불거지기 마련이다. 서서히 꾸준히 가다 보면 순리에 따라 동화가 아니라 통합이 이루어진다. 만약 모든 싱가포르인에게 영어 사용을 강제했더라면 엄청난 저항이 있었을 것이다. 만약 중국어 사용을 강제했더라면 당장 폭동이 일어나고 난리가 났을 것이다. 나는 모든 부모들로 하여금 영어와 자신들의 모어를 자식들에게 어떤 우선순위로 가르칠지를 스스로 선택하게끔 했다. 이들의 자유 선택과 30년에 걸친 시장의 보상에 따라 영어가 모어를 제치고 제1 언어로 자리 잡았다. 중국어를 공용어로 쓰던 대학이 영어 전용 대학으로 바뀌기도 했다. 자유 선택에 따라 30년에 걸쳐서가 아니라 5년, 10년 만에 강제로 이런 변화를 이루려고 했더라면 큰 혼란이 있었을 것이다.[3]

1960년대에서 80년대 사이 제3세계 신생 독립국들 중 대부분의 실패는 그 지도자들이 당시 유행하던 사회주의 국영기업을 통한 개발이론을 따랐던 탓이다. 그들의 개입주의 경제정책은 비효율적 자원 배분과 점증하는 부정부패를 초래했다. 소련이 붕괴하면서 그 이론도 몰락했다. 제3세계 지도자들이 사회 질서 유지, 교육, 평화 유지, 법의 지배 확립을 통한 투자자 신뢰 확보에 힘쓴다면 성장과 발전을 못 이룰 까닭이 없다.[4]

⊞

국가 성장과 경쟁력의 주된 원동력은 무엇인가?

국민 생활수준은 여러 가지 기본 요인에 좌우된다. 첫째는 그 나라의 인구 대비 자원이다. 둘째는 기술 역량과 산업 발전 수준이다. 셋째는 교육·훈련 수준이고, 넷째는 근로 문화·규율·의욕이다.[5]

21세기 안정과 성장의 가장 중요한 화두는 '민주'가 아니라 '인구'다. 이주민 친화적 국가들은 경제적 이점을 누릴 것이지만 개방적 이주민 정책에도 위험이 수반된다. 새로 유입되는 이주민들은 민족문화의 차이뿐만 아니라 교육 수준의 차이나 산업 투입에 필요한 훈련 미비에 따른 문제점들을 노정할 수 있다. 따라서 각국 정부도 점차 인구 문제 해결에 이민 정책이 능사가 아니라는 점을 깨닫고 보다 적극적으로 출산 장려 혹은 억제 정책의 마련에 나서게 될 것이다.[6]

인적 자원의 질은 국가 경쟁력을 결정하는 가장 중요한 요인이다. 국민의 혁신성, 진취성, 단결력과 근로 윤리야말로 국가 경쟁력의 날을 날카롭게 벼리는 데 필요한 핵심 요소들이다.[7]

경쟁력에는 진취, 혁신, 경영의 세 가지 요소가 특히 중요하다. 첫째, 진취란 새로운 기회를 모색하고 다소 위험이 있더라도 과감히 도전하는 것을 말한다. 가만히 있는 것은 망하는 확실한 방법이다. 둘째, 혁신은 신제품과 부가가치를 높이는 공정을 만들어 내는 것이다. 마지막으로 중요한 것이 경영인데, 성장을 위해서는 기업인들이 새로운 시장과 판로를 개척해야 한다.[8]

새로운 과학기술, 지식과 발견 그리고 기업가들에 의한 혁신 아이디어의 상품화가 경제를 추동하는 힘이다. 따라서 학문이 여전히 경제 발전에서 가장 중요한 요소임에는 변함이 없지만, 고전 양서와 시문을 익히는 데서 그치는 것이 아니라 부단히 새로운 지식의 발견과 연구·개발에 매진하며, 경영과 마케

팅, 금융과 재무 등 수많은 분야의 지식을 두루 섭렵할 때 진정으로 경제 발전에 기여할 수 있다. 우수한 두뇌들이 단순히 학자가 되는 데 만족하는 게 아니라 동시에 발명가, 혁신가, 벤처 투자가, 기업가가 되어서 새로운 제품과 서비스를 시장화하여 모든 사람들의 삶을 풍요롭게 하는 데 기여해야 한다는 말이다.[9]

전 세계적으로 투자 지형이 바뀌고 있다. 첫째, 기술발전과 세계화로 아웃소싱 비용이 줄고 거리의 장벽이 낮아지면서 기업들이 경제성 최적화를 위해 초국가적으로 사업구조를 재편하고 있다. 둘째, 경제적 성공에서 기술과 혁신의 중요성이 높아졌다. 2000년도 세계경제포럼 경쟁력 지수에는 경제적 창의성이 이전보다 중요하게 반영됐다. 세계경제포럼 보고서는 투자자들이 임금비용보다 기술력에 더 높은 비중을 두는 점을 반영하여 단순히 이전받은 기술을 잘 활용하는 국가들과 혁신기술 개발보유국들을 구분했다. 셋째, 투자 유치 경쟁이 심화되었다. 기술 혁신의 열쇠는 인재다. 이제 혁신과 창의성이 교육과 훈련의 핵심이 되는 방향으로 인재를 개발하고 육성해야 한다. 우리는 유치원에서 대학과 평생교육까지 혁신과 창의성 개발에 초점을 맞추고 교육제도를 개혁하고 있다.[10]

재화, 용역, 자본, 지식의 유동성이 증가함에 따라 이제 전 지구적 시장이 형성되어 있다. 이런 추세는 지역 시장의 통합을 가속화시켰다. 하지만 세계화의 수혜자가 되고자 하는 국가들은 먼저 자국의 법과 제도를 세계화의 흐름에 맞춰 정비해야 한다. 법의 지배는 기본이다. 안정성과 예측가능성의 척도이기 때문이다. 다음으로 국가들 간에 무역 및 투자에 관한 법규의 통일이 이루어져야 한다. 그렇게 하면 해당 국가들 간의 거래 비용이 줄어듦에 따라 교역이 활발해진다. 로마제국과 대영제국은 포괄적이고 통일된 법제의 보호하에 수백 년간 교역이 번성한 역사적 실례를 보여준다.[11]

기업들은 이제 인재와 기회를 전 지구적 차원에서 찾는다. 경쟁력을 유지하기 위해서는 전 지구적으로 혁신하고 협력하며 기술 역량을 강화해나가지 않을 도리가 없다. 인터넷으로 인해 시장 개방과 경쟁이 심화된 상황에서 아시아의 기업들도 이런 추세에 맞춰 경쟁하거나 도태되는 양단의 선택밖에 없다. 글로벌 아웃소싱 기업에 상응하는 국가적 차원의 모델은 외국 인재에 친화적인 사회다. 외국인들을 쉽게 동화시키는 사회가 성공할 것이다. 실리콘밸리가 좋은 예다. 실리콘밸리는 다인종 문화와 능력 위주 문화뿐만 아니라 새로운 인재를 쉽게 끌어들이는 문화가 정착된 곳이다. 아시아의 기업인들은 이런 점을 배워서 글로벌 감수성을 배양해야 한다.[12]

융합과 경쟁은 또한 기업 및 산업 차원의 변화들도 촉발할 것이다. 다국적 기업들은 지식기반 부문들에서 성공적으로 경쟁하기 위하여 다문화 조직으로 거듭날 것이다. 한 문화에서만 아이디어를 얻는 기업들은 혁신 경쟁에서 패배할 것이다. 여러 문화와 아이디어를 창의적으로 엮어 나가는 기업들이 성공할 것이다. 글로벌 경쟁력을 갖추기 위해서 기업들은 그들이 진출한 국가들에서 주요 직위에 현지 인재를 고용해야 할 것이다. 경영학의 대가 피터 드러커는 다음 세기 기업 경영의 가장 큰 변화가 소유가 아닌 동반자 관계의 중요성이 커지는 상황이라고 예측한 바 있다.[13]

우리는 중국, 인도 등 역내 국가들과 여러 선진국에서 더 많은 유능한 인재를 계속 유치해야 한다. 외부 인재의 유입 없이는 미국도 지금처럼 성공할 수 없었을 것이다. 원자폭탄도 1930년대와 40년대 히틀러 치하를 탈출한 유럽 인재들에 빚진 바 크다. 미국의 초기 우주개발 계획도 2차 대전 중 V 시리즈 로켓을 개발하고 전후 미군 포로로 건너온 독일 로켓 과학자 베르너 폰 브라운에 힘입은 바 크다. 이후에도 매년 수천 명의 각 분야 전문가들, 교수, 연구자, 작가들이 영국과 여러 유럽 국가들에서 미국으로 유입됐다. 미국이 그들을 환대하고, 그들의 분야에서 성공을 거두는 데 필요한 연구 시설과 환경을 제공했기 때문이다. 이들은 미국이 이룬 높은 성취에 기여함으로써 보답했다. 2억 8천만 인구의 미국도 이럴진대 인구 3백만인 싱가포르가 외부 인재 유치를 등한시한다면 2류,

3류 국가 전락은 시간문제일 것이다.[14]

싱가포르의 자체 인력 풀 3백만은 에베레스트 산 같은 큰 산을 품기 힘든 조그만 산맥에 비견할 수 있다. 이스라엘의 유대인과 같은 특별한 민족이 아니고서는 히말라야 같은 큰 산맥이 있어야 큰 산들이 있을 수 있다. 4백만 유대인 중에는 4천만 이상 인구에서 나올 만한 뛰어난 인재들이 넘친다. 잘 알려진 대로 상하이도 명석한 인재가 많기로 유명하다. 하지만 그 이유를 아는 사람은 많지 않다. 그 비결은 상하이가 열강의 조약항이 된 이래 150여 년간 양쯔 강 삼각주의 저장성, 장쑤 성 등 양쯔 강 연안 지역의 2~3억 인구에서 야망과 정력이 넘치는 인재를 흡수했기 때문이다. 베이징에 꾸준히 인재를 뺏기면서도 상하이에 여전히 인재가 넘치는 것은 상하이가 자체 인구 천이백만 명에만 의존하지 않기 때문이다.[15]

일본처럼 근로자 생산성이 높은 산업 국가들의 비약적인 발전과 영국처럼 노조에 발목이 잡힌 일부 유럽 국가들의 안타까운 쇠락에서도 교훈을 얻어야 한다. 싱가포르 국민은 한 가지 분명한 사실을 명심해야 한다. 우리가 교육과 훈련을 통한 자기 개발과 생산성 제고 노력을 소홀히 하는 한 우리의 미래를 보장할 수 없다는 점이다.[16]

경쟁에 수반되는 시샘과 질시는 어쩔 수 없는 일이다. 질시의 대상이 되는 것을 피하려고 저성장을 택할 수는 없다. 설사 그런다 하더라도 세계화 시대가 계속되는 한 앞서가는 쪽과 뒤처지는 쪽의 격차는 여전히 남아 있을 것이고 단지 모두가 좀 더 가난할 것이다. 나는 성장을 늦춰서 얻을 이점이 뭔지 모르겠다. 시샘과 질시는 여전히 있을 테니까.[17]

⊞

성장과 경쟁력을 추동하는 데 있어 가치관과 같은 무형적 요인들의 역할은 무엇인가?

경제적 성과는 생산성과 경쟁력 같은 일반적 척도 외에도 문화, 종교, 민족성, 국민성 같은 무형의 요인들에도 영향을 받는다. 현대 국가의 번영에는 온 국민의 교육이 필수 요소다. 중국은 인도보다 훨씬 발전된 물리적 인프라를 갖추고 있다. 중국의 관료제는 잘 조직되어 있으며 통치체제와 공공정책에서 모범 관행들을 실천하고 있다. 결국 국가 발전은 지도층의 창의성, 타국의 경험에서도 기꺼이 배우려는 자세, 효율적 정부를 통해 좋은 아이디어를 과단성 있고 신속하게 밀어붙이는 실행력, 어려운 개혁의 필요성에 대한 국민 동의를 끌어낼 수 있는 지도력에 달려 있다.[18]
기술 역량보다 중요한 것이 진취성과 혁신성이다. 오늘날의 경이로운 기술 발전의 시대를 선도하는 사람들은 새로운 기회를 붙잡을 준비가 된 진취적인 사람들과 새로운 아이디어와 사업의 창조자들이다. 그런대로 이들을 쫓아가며 생존하는 평범한 기업인들도 있겠지만 진정한 성공과 풍성한 보상은 혁신적이고 진취적인 기업가들의 몫이다.[19]

진취적인 기업가들은 어디서 나오는가? 마술사의 모자에서? 싱가포르는 기업가적 인재가 부족하다. 기업가를 키우기 위한 실험을 해야 한다. 지식을 가르쳐서 훈련시킬 만한 재목을 만드는 데까지는 쉬운 부분이다. 어려운 부분은 글과 셈을 익힌 이들을 혁신적이고 생산적인 인재로 키우는 일이다. 여기에는 사고방식의 전환과 새로운 가치관의 함양이 요구된다.[20]

높은 생산성을 낳는 습관들은 가정, 학교, 직장에서 배양된 가치관들의 결과물이다. 이러한 가치관들은 사회의 태도에 의해 강화되어야 한다. 일단 형성된 습관들은 한 사회의 언어와 마찬가지로 자기 복제와 영속화의 순환에 들어간다. 놀랍게도 우리 근로자의 55%가 자기 일을 잘한다는 이유로 동료들의 질시의 대상이 될까 봐 두려워한다고 한다. 이런 태도가 지속되는 한 평범한 근로자들의 평범한 수준을 상회하는 업무 성과가 나오기 어려울 것이다. 다시 말해 우수한 근로자들이 페이스메이커가 되는 것을 꺼릴 것이다. 부정적 태도의 해악이다.

싱가포르 국민은 각 근로자가 최선을 다하고 자신의 모범으로 동료들의 분발을 고무할 때 집단의 이익도 증대된다는 점을 이해해야 한다. 경영진과 현장 관리자의 솔선수범보다 이러한 태도와 가치관의 전환에 유익한 방법은 없다. 경영진은 근로자를 착취하는 데 몰두하는 자들이라는 낡은 관념은 오늘날의 산업 환경에서 타당성이 없다. 노조는 골칫거리에 불과하다는 경영진의 인식도 마찬가지로 시대착오적이다. 둘 다 지양해야 할 과거의 사고방식이다. 경영진, 노조, 근로자 간에 신뢰와 협력의 관계를 만들기 위해서 우리는 이러한 옛 시대의 선입견을 떨쳐 버려야 한다.[21]

싱가포르는 기본에 집중했다. 우리는 가족을 경제성장 추동의 기본 단위로 활용하기 위해 개인의 성취욕과 가족을 경제 계획에 반영했다. 교육을 통한 아동복지의 향상을 예로 들 수 있겠다. 정부는 사람들이 행복하게 살며 성공과 자기표현을 실현할 환경을 만들 수는 있지만 결국 경제의 성패는 수많은 개인들이 자신의 삶을 어떻게 사느냐에 좌우된다. 다행히도 싱가포르는 검약, 근면, 효도, 대가족적 유대, 그리고 무엇보다 학문의 숭상이라는 문화적 배경이 있었다. 물론 또 다른 성공의 이유도 있다. 우리는 농경사회에서 산업사회로 비교적 순탄하게 이행할 수 있었기 때문에 경제 성장을 이룰 수 있었다. 우리의 이점은 서구와 일본의 경험을 통해 그 이행의 결과

를 미리 알 수 있었다는 점이다.[22]

유례없는 국민적 문제를 풀기 위해서는 언어와 문화가 모두 바뀌어야 한다. 사실 한 국가의 언어와 문화의 우수함은 그 국민이 변화된 환경에 적응하는데 도움을 줄 수 있는 유연성에 달려 있다고 해도 과언이 아니다. 예를 들어 한 세기 전의 일본어와 문화는 1868년 메이지 유신 이후의 새로운 요구에 맞춰 상당한 변화와 발전을 겪었다. 일본인들은 자신들의 언어와 문화에 대해 유연하고 실용적인 태도를 취했기 때문에 서구의 과학과 기술을 성공적으로 자기 것으로 만들었다. 그들은 수많은 서구의 제도와 사상을 받아들였다. 보통교육, 양원제, 법제를 도입하고 육군과 해군을 독일과 영국을 본떠 개혁했다. 서구의 어휘를 마음껏 흡수하면서 일본어는 한층 더 풍성해졌다. 마찬가지로 2차 대전 패배 후 미군 점령기에는 미국인들의 통제 하에 미국으로부터 어휘, 사상, 사회 제도가 도입되었고, 미군정이 끝난 후에도 일본인들은 중국에서 들여온 주판 같은 문물을 본뜨고 개량하던 것처럼 미국 문물을 계속 본뜨고 개량했다.[23]

오늘날 근로자들이 갖추어야 할 핵심 역량들은 무엇인가?

반복적 기계공업 시대의 근로자들과 달리 앞으로는 근로자들이 자기 자신의 지식과 기술에 더 많이 의존하게 될 것이다. 자기 관리·감독과 자기 개발의 책임이 부과될 것이다. 누가 어깨 너머로 지켜보지 않아도 자율적으로 생각하고 업무 역량을 발전시키도록 요구받을 것이다. 신 경제 시대의 근로자는 단순한 문제 해결이나 이미 아는 것들의 숙달에 만족해서는 안 된다. 진취적이고 혁신적인 자세로 항상 업무 방식 개선, 부가가치 창출, 경쟁력 강화 방안을 모색해야 한다.[24]

이제 영어 능력은 경쟁적 우위를 차지하기 위한 수단이 아니라 필수가 되어서 많은 나라에서 아이들에게 영어를 가르치고 있다. 21세기를 살아갈 세대에게 영어는 이제 기본적으로 갖춰야 할 능력이다. 영어는 비즈니스, 과학, 외교, 학문의 언어이기 때문에 누구든지 성공을 위해서는 능숙한 영어 구사력을 갖춰야 한다.[25]

제7장

지역정세와 세계화 전망
The Future of Geopolitics and Globalization

앞으로 10여 년 사이에 세계가 맞닥뜨릴 가장 큰 문제들은 무엇인가? 러시아의 장기적 전망은 어떠한가? 일명 '브릭(BRIC) 국가들'이라 불리는 브라질, 러시아, 인도, 중국이 앞으로 연합 세력으로서 영향력을 얻게 될까? 세계 금융 위기에서 얻은 교훈은 무엇인가? 세계화가 제기하는 기회와 도전은 무엇인가? 세계화하는 세상에서 개인, 기업, 국가가 성공하기 위해 해야 할 일은 무엇인가? 세계화 추세가 뒤집힐 수 있을까? 리콴유는 이러한 질문들에 대해서도 에두르지 않고 정곡을 찌르는 대답을 제시한다.

앞으로 10여 년 사이에 세계가 맞닥뜨릴 가장 큰 문제들은 무엇인가?

첫째로는 유로존 문제를 들 수 있겠다. 그리스 부채 위기를 제대로 다루지 못하면 그 여파가 포르투갈, 스페인, 이탈리아에도 미칠 것이다. 그렇게 연쇄반응이 일어나면 유럽 경제뿐만 아니라 미국과 중국의 경제도 타격을 받을 것이다.

둘째로는 북한 문제가 여전히 남아 있다. 김정은이라는 젊은 이가 권력의 고삐를 움켜잡고는 세계를 상대로 자신이 전임자들 못지않게 대담하고 용감하다는 것을 과시하려 들고 있다.

셋째로는 일본의 불황을 들 수 있다. 일본 경제의 침체는 간접적으로 아시아태평양 지역 전체에 영향을 미치는 문제다. 일본 사회의 노령화로 좀처럼 경제가 회복 기미를 보이지 않고 있다. 그런데도 일본은 순혈주의 때문에 해외 인력의 수혈도 거부하고 있다.

넷째는 이란 핵무기 개발로 인한 중동지역 분쟁의 가능성이다. 중동에서 분쟁이 발생한다면 시장은 파국적인 상황을 맞을 것이다. 이란 핵 문제는 세계가 제대로 대처하지 못할 가능성이 가장 많은 문제다. 중국과 러시아는 유엔 제재에 동참하지 않을 가능성이 많으니까 이란은 그걸 믿고 핵무기 개발을 계속 추진하려 할 것이다. 어느 시점에서 이스라엘은 미국의 지원이 있건 없건 이란의 지하 핵시설을 파괴하기 위한 공격을 감행할지를 결정해야 한다. 만약 이란이 핵무기를 갖게 되면 사우디아라비아는 파키스탄의 핵무기를 구매할 것이고 이집트도 어디서든 핵무기를 도입할 것이다. 이렇게 핵으로 무장한 중동에서 핵이 실제 터지는 건 단지 시간문제다.[1]

러시아의 장기적 전망은 어떠한가?

러시아의 미래는 10년 전이나 소련이 붕괴한 20년 전과 비교해도 코카서스와 카자흐스탄 지역의 에너지 자원 지배권을 잃었다는 사실 외에는 다를 바가 없다. 러시아는 아직 에너지나 자원 수출 외에 부를 창출할 수 있는 경제를 발전시키지 못했다.

러시아 인구는 점점 줄어들고 있다. 분명한 이유는 모르지만 알코올 의존도가 높은 탓도 있을 거고, 미래에 대한 비관 그리고 출산율·기대수명 감소 탓도 있을 것이다. 블라디미르 푸틴의 과제는 러시아인들에게 미래에 대한 희망적 전망을 갖게 해서, 술을 줄이고 열심히 일해서 가정을 꾸리고 애도 더 낳게 하는 것이다.

시베리아와 블라디보스토크에 중국인이 점점 더 늘어나고 있다. 아무르 강 유역은 다시 중국인들로 넘쳐날 것이다. 러시아인들이 갑자기 앞으로는 살 만할 거라고 마음을 고쳐먹고 애를 더 낳아서 인구가 다시 늘어나는 일이 없으리란 법은 없지만 그런 일이 가까운 미래에 있을 것 같지는 않다.[2]

러시아인들이 시스템만 제대로 정비해도 훨씬 사정이 나아질 것이다. 지금처럼 엉망진창인 시스템으로는 아무것도 안 된다. 러시아는 많은 지역에서 통제력을 상실했다. 아직 핵무기는 잔뜩 갖고 있지만 그것 말고 뭐가 있는가? 군대도 옛날의 군대가 아니고, 인구도 계속 감소하고 있다. 사람들이 희망이 없으니 매년 태어나는 사람보다 죽는 사람이 많다. 미국인들은 미래에 대해 낙관적이니까 애를 낳는다. 하지만 어쩌다 유가가 오를 때 빼고는 늘 힘겹게 겨우 살아가는 러시아인들로서는 낙관적이 되기가 쉽지 않다.[3]

일명 '브릭(BRIC) 국가들'이라 불리는 브라질, 러시아, 인도, 중국이 앞으로 연합 세력으로서 영향력을 얻게 될까?

미국과 유럽의 전횡을 막는 평형추 역할은 할 수 있겠지만 그 외의 역할은 없을 것이다. 이들은 다 같은 대륙에 있지도 않은 서로 다른 나라들인데 단지 특별히 빠르게 성장하고 있다는 공통점 때문에 한데 묶여 불리는 것뿐이다. 물론 성장 국가로서 자원 수요도 커지고 구매력도 있으니까 중국이 브라질에서 콩을 수입할 수도 있고 경제적 관계는 심화될 수 있을 것이다. 하지만 중국과 인도가 꾸는 꿈은 다르다.[4]

앞으로 아세안 국가들이 연합 세력으로서 영향력을 얻게 될까?

매우 더디지만 결국 그런 방향으로 가게 될 것이다. 더딜 것이라고 보는 것은 아세안 국가들이 아직 공동 시장, 자원 결합, 비교 우위에 따른 지역별 투자 등의 개념을 내면화하지 못했기 때문이다. 신뢰 부족도 문제다. 태국은 탁신 친나왓과 국왕 세력 간의 갈등을 안고 있다. 베트남은 여전히 중국을 매우 경계하고 있다. 캄보디아의 회복은 오랜 세월이 걸릴 것이다. 미얀마는 마침내 개방의 길에 나설 것으로 보이지만 너무나 오랜 고립 끝에 더 이상 나빠질 수 없을 상태로 출발하는 길이니 앞길이 험난하다.[5]

동아시아 경제 및 정치 발전의 중심에 남기 위해서는 아세안 국가들이 긴박성을 인식하고 더 긴밀히 협력해야 한다. 그러지 않으면 주변부로 밀려날 것이다. 지금의 아세안은 버틸 만한 전략적 무게가 못 된다.[6]

중국과 인도라는 거인들 틈에 있는 아세안 국가들은 자신들의 시장을 결합하여 경쟁해야 지역 세력으로 인정받을 수 있다. 다른 선택은 없다.[7]

세계 금융 위기에서 얻은 교훈은 무엇인가?

세계 금융 위기는 완전 자유 시장에서 가장 큰 혁신이 가능하며 최대 수익을 내는 기업들에 대한 자본 투여가 이뤄진다는 믿음과 느슨한 규제체제가 낳은 무절제가 원인이다. 파생상품의 규제와 감독이 불필요하다는 연방준비제도이사회 의장의 결정이 도화선에 불을 붙였다. 수많은 우량자산과 불량자산을 이리저리 한데 엮어서 위험을 온 유럽과 세계로 퍼뜨리는 게 가능해지니까 폰지같이 없어져야 할 사기성 금융수법이 판을 치게 된 것이다. 금융기관 종사자의 일은 수익성을 극대화하는 것이니 은행 등 금융업체 사람들만 탓하는 것은 말이 안 된다. 그들은 당신이 허용한 규칙의 범위에서 자기네 일을 한 것뿐이니까.[8]

자유기업주의가 이 위기를 초래했다. 일단은 정부가 주된 책임을 지고 시스템을 바로잡은 후 민간 기업이 다시 정상적으로 사업을 영위할 수 있도록 해야 한다. 자기도 수익을 얻으려고 은행이나 금융업체들에 돈을 맡겨 놓고는 거기서 일하는 사람들에게 그렇게 많은 보상이나 스톡옵션을 줄 수 없다고 하는 것은 미국 자유기업제도의 근간을 해치는 것이다. 기업

의 성공에 기여한 사람들에게 그에 따른 보상을 줬기 때문에 여태 자유기업제도가 잘 작동해온 것이다.[9]

경제는 가끔씩 침체기에 들어가기 마련이다. 이건 서구 자유시장경제의 본질적 속성이다. 사람이든 제도든 번영에 도취되면 절제력을 상실할 수 있다. 투자자들은 욕심에 사로잡혀 호황이 언제까지라도 계속될 것처럼 투자를 늘린다. 그러다가 거품이 꺼지면 큰 손해를 보고 절망과 침체의 늪에 빠진다.[10]

현재의 경제 위기 이전에는 세계가 앵글로색슨 경제모델이 수익 극대화를 위한 가장 효율적 재원배분 방식이라는 워싱턴 컨센서스에 이의를 제기하지 않았다. 하지만 이제는 미국식 시장경제가 더 이상 이상적인 모델로 간주되지 않는다. 중국은 정부가 경제를 통제하고 관리하는 편이 낫다는 데 자신감을 얻었다. 이제 중국은 투기적 대규모 외환 유출입을 막는다는 명분으로 폐쇄적 자본시장의 개방을 더 늦출 것이다.[11]

중국과 인도 같은 거대 인구의 큰 나라들만이 내수를 진작해 현재의 경제 위기를 그런대로 헤쳐 나갈 수 있을 것이다.[12]

卅

세계화가 제기하는 기회와 도전은 무엇인가?

인류 역사의 한 시대가 막을 내렸다. 새로운 시대는 흥미진진할 것이다. 시장의 세계화를 촉발한 사건은 1991년 3월 미국 국립과학재단이 인터넷을 민영화한 일이다. 그때만 해도 인터넷이 생산력 증대, 국경을 넘나드는 사람과 기업의 교류 및 진출, 전 지구적 지식공동체와 시장 형성 등에 이렇게 강력한 도구로 기능할 줄은 몰랐을 것이다.[13]

경제력은 세계 각지의 여러 중심지로 확산·집중될 것이다. 다양한 지역의 사람, 아이디어, 자본이 만나서 교류하고 영향을 주고받는 '교차로 도시'들이 이런 중심지가 될 것이다. 수많은 새로운 지식, 제품, 서비스가 이 중심지들에서 태어날 것이다.[14]

세계화의 힘이 최초로 증명된 것은 10년 전인 1997년 7월 아시아 금융 위기 초기의 증권시장에서였다. 불과 며칠 만에 모든 역내 시장으로 여파가 퍼졌다. 인류 생존의 궁극적 위협 요인은 지구온난화와 기후변화다. 수백만, 수천만, 어쩌면 수십억 인구의 거주지가 피해를 입을 수 있다. 그런데도 얼음 밑 자원 개발로 한몫 보려는 움직임이 먼저다. 해수면 상승으로 수백만이 삶의 터전을 잃고 히말라야, 티베트, 안데스의 빙하가 녹아서 또 수백만이 물 부족에 시달리게 된다면 '평상의 삶'이란 옛말이 될 것이다.[15]

인간은 기술을 통해 자연을 정복함으로써 세계를 변화시켜

왔다. 이념이나 정치와 관련된 변화는 기술 발전의 역할에 비할 수 없다. 현 세대의 삶에 가장 큰 영향을 미칠 요인도 가속화하는 과학기술의 발전이다. 인간유전체가 해독됨에 따라 앞으로는 더 건강하게 오래 살 수 있을 것이다. 앞으로 수십 년간 생명공학이 눈부시게 발전할 것이다. 전 세계적으로 식품과 소비재가 더 풍족해질 것이다. 점점 더 많은 신흥국에서 소비사회가 발전함에 따라 무역과 투자도 전 세계적으로 증가할 것이다. 인구 증가는 경제 성장과 번영의 배경이 되기도 하지만 세계적으로는 심각한 문제도 낳을 수 있다. 이산화탄소 등 온실가스 증가로 인한 기후변화의 결과인 지구온난화, 해수면 상승, 만년설 해빙 등을 예로 들 수 있다. 인구가 늘어나면 석유를 비롯한 유한한 자원과 한정된 공간을 놓고 다투느라 마찰과 갈등도 늘어날 것이다. 에이즈, 마약 밀매, 불법 이민, 국제 조직범죄 같은 오래된 난제들도 여전히 남아 있다. 이들은 국제 테러리즘과 함께 세계화된 세계의 두드러진 일부를 구성하고 있다.[16]

지금 세계에는 이러한 위험 요인들 못지않게 희망적인 요인들도 많이 있다. 실시간 통신과 빠른 교통수단 등 신기술이 세계를 통합하고 있다. 세계 어느 곳에서 무슨 일이 일어나는지를 누구나 알 수 있다. 이민도 대규모로 이루어지고 있다. 가난한 나라들에 살던 수억의 사람들이 더 나은 삶을 찾아 더 부유한 나라들로 이주하고 있다. 큰 변화들이 일어나고 있다. 이제 미국과 유럽연합 같은 기존 강대국들도 중국, 인도, 러시아, 브라질 같은 신흥국들의 비위를 맞춰야 한다. 많은 개발도상국들도 선진국들을 따라잡기 위해 분투하고 있다. 이 와중에 이산화탄소 배출도 점점 늘어나면서 지구온난화가 계속되고 있다. 기후변화는 우리 삶의 터전에 예측 불가능한 큰 변화를 초래할 것이다.[17]

　기술이 급속도로 발전하는 만큼 세계화도 갈수록 빠르게 진행되고 있다. 통신수단의 비약적 발전과 인터넷 등 정보기술의 혁신으로 세계는 갈수록 가까워지고 있다. 물리적 거리, 시차, 국경이 더 이상 자유로운 정보의 흐름에 장벽이 되지 않는다. 이제 더 이상 새로운 아이디어를 찾아서 먼 거리를 이동할 필요가 없다. 언제 어디서든 키보드만 누르면 방대한 정보가 순식간에 전송된다. 이러한 IT 혁명의 추세는 사회의 성격도 바꿀 것이다. 우리가 살아가고, 배우고, 일하고, 여가를 즐기는 방식도 다 바뀔 것이다. 바람직하지 못한 부작용을 꺼려 기술 발전을 받아들이지 않는 국가들은 낙오자가 되고 말 것이다. 좋건 싫건 IT 혁명이 제공하는 기회를 붙잡고 해로운 부작용을 최소화하기 위해 노력하는 수밖에 없다. 개인도 첨단기술의 흐름에 발맞춰 나가야 하지만 그 와중에 핵심 가치들을 망각해서는 안 된다. 과학기술은 앞으로 우리가 발전해 나가는 데 결정적으로 중요하다. 하지만 과학기술이 자녀들에게 사회적 책임감과 선악을 구분할 도덕성을 함양시키는 중요한 역할을 하는 가정을 해체하도록 방관해서는 안 된다.[18]

2차 대전 이전 국제 무역이 가장 자유로웠던 것은 미국, 영국, 여러 유럽 국가들, 그리고 일본 각각의 제국 내부에서였다. 이들 각 제국의 세력권 사이에는 무역 장벽이 존재했다. 2차 대전 후 미국은 이 제국들을 해체하기로 했다. 관세 및 무역에 관한 일반협정(GATT)은 어느 한 제국 중심의 통일적 통제 없이 재화와 용역의 국제 무역을 촉진하고자 고안되었다. 그 결과는 대단히 성공적이었다. 하지만 교통 및 통신 기술의 발전으로 인해 국경을 초월하여 전 세계를 무대로 재화와 용역을 생산하고 판매하는 다국적 기업들이 성장하고 확산될 줄은 아무도 예측하지 못했다. 세계화와 특히 IT 부문의 발전으로 인력 수요가 늘어난 선진국들은 이민 규제를 완화하고 개발도상국 인력의 유동성을 촉진했다. 작금의 지식경제시대에는 인재야말로 부의 창출을 위해 가장 가치 있고 귀한 자원이다. 세계화의 부정적 결과 중 하나는 교육 수준, 도시와 농촌, 연해 지역과 내륙 등의 차이에 따라 불평등이 심화되었다는 점이다. 특히 인터넷 등 IT 부문에서 고등교육을 받은 사람들은 더 높은 보상을 받을 수 있는 선진국으로 이주하기가 쉽다. 하지만 그렇지 못한 사람들은 임금이 높은 선진국으로 가고 싶어

도 그렇게 쉽게 갈 수가 없다. 이것은 시장경제 세계에서는 어쩔 수 없는 일이다.[19]

160여 개 국민국가로 이루어진 세계에서 어떻게 평화와 안정 그리고 협력을 보장할 것인가에 대해 알려 주는 역사적 선례는 없다. 실시간 통신과 신속한 교통수단의 시대에 이 문제는 기술 발전의 속도만큼 더 복잡해지고 있다. 상호 의존적이고 연결된 하나의 세계에서 양대 세력권을 이끌던 초강대국들의 지배력이 쇠퇴한 것은 다극화된 세계의 가능성이 높아졌다는 말이고 그만큼 다자간 협력의 어려움도 커졌다.[20]

세계화하는 세상에서 개인, 기업, 국가가 성공하기 위해 해야 할 일은 무엇인가?

21세기 기업가정신, 기술, 기업 리더십에 관한 포브스 글로벌 CEO 회의에 참석했을 때 이 세 가지가 과거와 현재 어떻게 달라졌는지를 자문해 보았다. 기업가정신과 기업 리더십은 근본적으로 달라진 게 없다. 기술만이 격세지감이 들도록 달라졌다. 기술이 기업가와 경영자에게 글로벌한 사고와 행동을 요구하고 있다. 이제 이들은 다른 나라의 기업가, 경영자와의 협력이나 경쟁을 피할 수 없다. 기업가는 이제 자기 분야에서 국내외 모든 경쟁자를 상대로 승패를 겨룬다. 누구나 언제든 그가 사업을 벌이는 나라에 진출할 수 있기 때문이다. 경쟁이 국경 안으로 제한되었던 시절에는 각국이 분야별로 국내 챔피언을 키우고 고유의 기업가정신과 기업 리더십을 발전시킬 수 있었다. 그러면서 각국 고유의 기업 문화가 형성됐다. IT 혁명과 세계무역기구 출범이 가져온 오늘날의 세계화 환경에서 이것이 가능한가? 각국이 예전처럼 국내 챔피언을 키우기 위한 기업 육성책을 쓰는 것은 불가능에 가까우리만큼 어렵다고 본다.[21]

세계 경제 균형의 구조적 변화에 대응하는 것이 지금 우리의 어려운 과제다. 중국이 세계무역기구의 일원으로서 본격적으로 경쟁에 뛰어듦에 따라 앞으로 이삼십 년 사이에 급격한 판도 변화가 있을 것이다. 인도도 마찬가지다. 우리가 나아갈 길은 교육으로 기술과 지식을 업그레이드하는 길밖에 없다. 기술이 급속도로 발전하는 지식경제시대에 평생교육은 모든 이에게 필수적이다. 앞으로 교육을 많이 받지 못한 사람들, 컴퓨터 활용 능력이 없는 사람들, 5년에서 10년 주기로 새로운 기술과 지식을 익히지 않는 사람들은 일자리를 지키기 어려울 것이다. 이제껏 그들이 일하던 공장은 더 이상 싱가포르에서는 채산성이 맞지 않을 것이기 때문이다.[22]

싱가포르가 성공하려면 세계 각처의 인재를 유치하고 흡수할 수 있는 국제 중심지로 거듭나야 한다. 우리는 해외 대기업을 국내 경쟁에서 배제할 수 없다. 좋든 싫든 그들과 경쟁해야 한다. 우리의 선택은 간단하다. 일류 항공사, 일류 해운회사, 일류 은행을 보유하거나 쇠락의 길로 접어드는 것이다. 싱가포르가 초기에 잘한 일 하나가 다른 제3세계 국가들과 달리 다국적 기업들을 적극 유치한 일이고 그 결과 우리는 성공했다. 지금이 다시 제3세계의 국수적 경향에 맞설 때다. 우리의 시각과 실천은 국제적이어야 한다. 우리 인재를 해외 경쟁자와 교류하고 경쟁하도록 노출시켜서 세계 수준으로 키워야 한다. 싱가포르의 뛰어난 인재가 미국의 대기업에 유출되는 경우도 있다. 이것도 글로벌 시장경쟁의 일부다.[23]

미국을 보면 급속한 기술 발전의 시대에 특히 IT 산업의 벤처 기업이 많은 나라가 다음 단계의 승자가 될 것임을 알 수 있다. 일본, 한국 등 동아시아 국가들은 글로벌 시장에서 경쟁하기 위해 몇 가지 근본적인 문화적 변화를 받아들여야 한다. 다른 문화권의 인재를 새로운 기업문화의 일부로 흡수하고 포용하는 데 도움이 되는 문화를 가진 나라들이 우위에 서게 될 것이다. 일본 등 동아시아 국가들은 민족 중심적으로 긴밀히 맺어진 사회다. 이들 사회는 외국인을 쉽게 흡수하지 못한다. 일본인 등 동아시아인들이 문화와 종교가 다른 사람들도 쉽게 자기네 기업의 일원으로 흡수하는 미국인들과 경쟁하기 위해서는 먼저 문화적 태도의 근본적인 변화가 있어야 한다.[24]

디지털 혁명과 통신, 컴퓨터, 미디어의 융합의 시대에는 선진국들의 소프트웨어 혁신을 단순히 복제하는 것으로는 안 된다. 우리의 진취적인 젊은이들이 직접 사업을 할 수 있도록 공간과 기회를 제공해야 한다. 정부는 벤처투자기금을 촉진해야 한다. 우리는 안전하고 잘 정비된 길을 걸어왔다. 이제 우리의 젊은 인재들은 안전망도 없이 자신의 길을 가야 한다. 비틀거리고 넘어지기도 하겠지만 다시 일어서서 나아가야 한다. 개방화 과정에서 우리 사회는 혼란을 겪을 수도 있다. 가장 큰 도전은 우리가 소중히 여기는 가치들을 보호하는 것이다. 현대 세계에서 성공하려면 두려워하면 안 된다.[25]

기술과 세계화는 경기장을 더 평평하게 만들었다. 어디서나 재화나 서비스가 만들어질 수 있기 때문에 지리적 위치, 기후, 천연자원 같은 전통적 비교우위가 감소했다. 어느 나라나 정보기술과 항공교통을 활용하여 재화와 용역의 글로벌 교역의 장에 나설 수 있다. 이것은 유리한 나라들과 불리한 나라들의 격차를 좁히는 데 도움이 된다. 특히 개발도상국에게 특히 중요한 차이를 낳을 수 있는 요인이 바로 윤리적 리더십이다. 투명하고, 효율적이고, 합리적이고, 예측 가능한 정부는 경쟁에 분명한 이점을 제공한다.[26]

세계화 추세가 뒤집힐 수 있을까?

세계화 추세는 뒤집힐 수 없다. 세계화를 불가피하게 만든 기술들을 없던 일로 되돌릴 수 없기 때문이다. 뒤집히기는커녕 교통과 통신이 더 좋아지고 싸지면서 세계화는 더욱 힘을 얻을 것이다.[27]

국제 질서가 붕괴되는 일이 일어날까? 그럴 수 있을까? 세계가 국제 질서가 붕괴되고 무질서 상태에 빠지는 것을 감당할 수 있을까? 지금의 상호 연결된 세계가 다시 연결이 끊어지는 일은 없을 것이다. 진짜 걱정해야 할 큰 문제는 인구과잉과 지구온난화로 수백만, 수십억이 삶의 터전을 잃는 사태다. 세계의 많은 지도자들이 자국 국민이 처한 위험을 인식하지 못하고 있다는 사실이 두렵다. 만년설이 녹고 있다는데 두려움과 걱정에 잠을 못 이뤄야 정상이 아닌가? 이 지구가 어떻게 되는 것인가 하고. 하지만 아니다. 대책을 논의하기 위한 긴급회의 한번 없었다. 지구온난화로 빙하가 녹고 있는데도 말이다. 선거 쟁점이 아니니까. 이 문제는 후임자한테 떠넘길 심산이다. 지구온난화를 완화할 수는 있겠지만 해결할 수는 없을 것이다. 우리의 에너지 의존도는 갈수록 커지기만 할 테니까.

독재자든, 민주국가 지도자든, 어느 부족장이든 누가 "이제부터 경제 성장을 포기하기로 한다. 소비도 줄이고, 여행도 줄이고, 간소한 생활을 하자. 지구를 구하기 위해서."라고 하겠는가?[28]

글로벌 통합 외의 실현 가능한 대안은 없다. 지역주의로 가장한 보호주의는 조만간 지역 연합들 간에 걸프 산유국들 같은 비동맹 지역의 이권을 놓고 다투는 분규와 전쟁을 낳을 수 있다. 공평하고, 타당하며, 세계 평화도 유지할 수 있는 유일한 해답은 글로벌리즘이다.[29]

제8장

민주주의의 미래
The Future of Democracy

정부의 역할은 무엇인가? 지도자의 역할은 무엇인가? 지도자는 여론에 얼마나 민감해야 하는가? 민주주의의 요건은 무엇인가? 민주주의의 위험성은 무엇인가? 법과 질서는 어떻게 적절한 균형을 이뤄야 하는가? 경쟁과 평등은 어떻게 적절한 균형을 이뤄야 하는가? 리콴유가 싱가포르를 이끌어 오면서 체득한 실제적인 교훈과 그의 정치철학의 정수가 이 질문들에 대한 대답에 담겨 있다.

정부의 역할은 무엇인가?

효율적이고 효과적인 정부만이 국민 개개인이 그 안에서 자신의 필요를 충족시킬 수 있게 해주는 체제를 제공할 수 있다. 누구도 혼자서 자신의 기본적인 필요를 모두 충족시킬 수는 없다. 옛날에는 부족을 통해, 지금은 정부의 지원과 조직을 통해 그런 필요를 충족시킨다. 현대 기술은 다양한 분야의 전문화를 요하며, 첨단 기술사회는 그만큼 많은 지식과 다양한 기술을 요한다.[1]

정부의 임무는 국민들이 믿음을 가지고 안정적으로 일할 수 있도록 확실한 결정을 내리는 것이다.[2]

국가 운영의 묘는 나라의 한정된 자원을 최대로 활용하는 데 있다.[3]

우리의 당면 과제는 사람들이 재산의 많고 적음이 아니라 육체노동으로든 정신노동으로든 사회에 실제 기여한 바에 따라서 보상 받는 사회를 건설하는 것이다. 각자 능력에 따라 사회에 기여하고, 기여도와 가치에 따라 보상받도록.[4]

제대로 된 정부라면 현상을 유지만 해서는 안 되고 개선해 나가야 한다. 결국 정부의 성패는 경제 영역에서 판가름 난다. 더 많은 일자리를 만들고 더 많은 사람에게 성장의 대가를 나눠줘야 하는 것이다.[5]

정부의 책무는 권력을 위임한 국민들의 목소리에 귀를 기울여서 불평불만이 커지기 전에 해결책을 내놓는 것이다. 정부가 늘 국민과 접점을 유지해야 하는 것은 불만사항을 알기 위해서만이 아니라 앞서 말한 사회를 건설하는 데 요구되는 사회적 자질을 함양하고 국민들을 지도하고 조직화해야 하기 때문이다.[6]

서구인들은 제 역할을 하는 정부라면 모든 문제를 해결할 수 있어야 한다는 믿음 때문에 사회의 윤리적 기초를 방기했다. 특히 2차 대전 이후 서구에서는 정부의 역할에 대한 기대가 커지면서 종래의 사회에서는 가정에서 담당했던 의무들까지 정부가 떠맡게 되었다. 동양에서는 자조가 공적 부조에 우선하지만 오늘날의 서양에서는 그 반대다. 서양의 정치인들은 국민들에게 위임만 해 주시면 사회의 모든 문제를 해결하겠노라고 외친다.[7]

⊞

지도자의 역할은 무엇인가?

지도자의 임무는 국민들이 국가의 부름에 기꺼이 응할 수 있도록 신뢰를 심어 주는 것이다. 아무리 용맹스러운 군대라도 장군이 나약하면 승리할 수 없다. 지도자는 앞으로 나아갈 길을 계획할 수 있는 능력과 어떠한 난관에도 굴하지 않을 굳건함이 있어야 한다. 지도자와 국민이 함께 온갖 고난을 헤치며 싸워서 승리하면 그 사이에는 함께 전투를 치른 장군과 병사들 간의 굳고 흔들리지 않는 신뢰감과 같은 유대감이 생긴다.[8]

지도자는 곤경이 닥쳐도 국민들을 격려하고 독려해야지 절대 괴로움을 토로해서는 안 된다. 그렇게 하면 국민들의 사기만 저하될 뿐이다.[9]

기업 경영인은 굳이 직원들에게 자기를 따르라고 설득할 필요가 없다. 기업에는 위계가 있고 경영인은 자신의 방침을 조직에 관철시킬 수 있다. 그의 임무는 고객과 주주를 만족시키는 것이다. 하지만 정치 지도자는 미래에 대한 자신의 비전을 국민들에게 제시하고, 그 비전을 국민들이 납득할 수 있는 정책으로 만들어서, 정책 이행을 지원하도록 국민들을 독려해야 한다.[10]

국민들의 우려와 의혹의 목소리를 메아리처럼 되풀이하는 것은 지도자가 할 일이 아니다. 특히 그러한 우려와 의혹이 아무리 실제적이라 하더라도 어떻게든 해결해 내서 마치 비합리적이고 근거 없는 것이었던 것처럼 만들 수 있을 때는 더더욱 그러하다. 다양한 공동체의 지도자들로서 우리는 이러한 우려들에 대해 잘 알고 있다. 하지만 우리는 그런 우려들을 몰아내는 데 앞장서야 한다. 우리는 사태의 흐름을 수수방관해서는 안 된다. 지도자는 여론을 주도해야 한다. 특별한 보호를 요하는 공동체의 이익에 주의를 환기한 후, 이 이익을 지켜내고 공동선을 증진할 해결책을 마련해야 한다.[11]

지도자의 재목은 자질의 유무로 분명히 구분된다. 2백만 싱가포르인의 운명을 책임질 사람에게 지도자의 자질이 있는지 없는지를 빨리 알아내는 것이 내 일이다. 지도자의 재목이 아닌데 더 지켜보는 것은 시간 낭비다. 골프 선수를 키우든 마약 탐지견을 훈련시키든 제일 먼저 할 일은 자질이 있는지 없는

지 파악하는 일이다.[12]

지도자로서 우리의 공적은 재임기간이 길수록 커지는 것이 아니다. 통치권을 이양하는 방식에 따라 더 큰 공적을 남길 수도 있다. 우리는 항상 국민의 신탁에 무거운 책임감을 느끼며 수탁자로서 국민을 위해 권력을 행사했다. 지도자가 자신에게 부여된 권력을 개인적 특권으로 간주한다면 필연적으로 가족·친지에 대한 정실 인사, 특혜 제공, 치부 등의 문제를 일으키기 마련이다. 이렇게 되면 마치 흰개미 떼가 지나간 뒤의 집 기둥처럼 현대 국가의 근간이 잠식된다. 국민들은 지도자의 죗값을 오래도록 무겁게 치러야 한다. 우리의 후임자들이 수탁자로서의 책임감, 다시 말해, 그들이 위임받은 권한과 권력을 오용하는 것은 국민의 신탁을 배반하는 것이라는 점을 얼마나 무겁게 느끼고 있느냐에 미래의 안정과 발전이 달려있다. 권위와 정신이 흐트러짐이 없을 때 권력을 이양함으로써 우리는 후임자가 권력을 위임받을 만한 기본 자질을 갖췄는지를 확인할 수 있다. 계속 머무르다 허약해져서 권력을 뺏기는 것은 무책임한 짓이다. 그때는 후임자에 대해 아무 발언권이 없을 것이기 때문이다.[13]

국가의 위대함은 그 크기에만 달린 것이 아니다. 국민의 의지, 단결력, 근성, 규율과 지도자의 자질이 역사의 영예로운 자리에 오를 국가를 결정한다.[14]

한 국가의 역사는 한두 번의 선거 승리나 패배로 결정되지 않는다. 그것은 특별한 인물들에 달린 게 아니라 주어진 환경에 작용하는 정치적, 사회적, 국민적 힘에 달린 길고도 엄혹한 과정이다. 중요한 것은 거기에 작용하는 힘들을 분간하고, 분석하고, 해석해서 그 모든 힘들의 합이 가리키는 방향을 계산해 내는 것이다. 이 힘들은 정치인, 노조지도자, 일반 국민들이 쏟아내는 모든 구호보다 훨씬 더 결정적이고 지속적인 요인들이다.[15]

바로 지금 어떤 복잡다단한 사건들이 펼쳐지고 있다 하더라도 결국 우리의 운명을 결정짓는 것은 냉혹한 지리적 논리와 역사적, 민족적, 경제적 세력들의 힘이다. 우리는 역사적 필연에 역행해서는 안 된다. 역사가 펼쳐지기를 수동적으로 기다려야 한다는 말이 아니다. 우리는 역사의 과정을 가속화하기 위해 적극적으로 노력해야 한다.[16]

田

지도자는 여론에 얼마나 민감해야 하는가?

나는 소위 전문가들, 특히 사회과학이나 정치학 교수들의 충고와 비판에 개의치 않는다. 이 사람들은 이상적 사회 발전에 관한 각자의 지론과, 특히 빈곤 감소, 복지 확대에 대해 뻔한 소리만 늘어놓는다. 내가 항상 추구하는 것은 정치적으로 올바른 길이 아니라 옳은 길이다.[17]

서방 세계에서는 잘 이해하지 못하는데 내가 궁극적으로 걱정하는 것은 그들이 나를 어떻게 판단하는지가 아니다. 내가 걱정하는 것은 내가 다스린 국민이 나를 어떻게 판단하는가이다.[18]

나는 뭐든지 그리 심각하게 여기지 않는다. 안 그랬다면 배겨내지 못했을 것이다. 나에 대해 떠도는 온갖 허튼소리를 다 심각하게 받아들였다가는 정신이 나갔을 것이다.[19]

지도자는 뉴스 매체에 휘둘려서는 안 된다. 뉴스에서 뭐라고 하더라도 신경을 쓰면 안 된다.[20]

정부가 제 역할을 하려면 최소한 일관성이 있는 것처럼 보이기라도 해야 한다. 아예 못 배운 사람보다 못한 게 배우다 만 사람인데 그런 사람들의 투표에 따라 이리저리 요동치는 선거 결과에 휘둘리는 정부는 이미 볼 장 다 본 거다.[21]

인기 있는(popular) 정부에 대한 내 생각은 집권 기간 내내 인기 있을 필요는 없다는 것이다. 아주 인기가 없어야 할 때도 있는 법이다. 하지만 임기가 끝날 무렵이면 국민들이 당신이 옳았음을 깨닫고 다시 뽑아줄 만큼 충분한 성과를 거둬야 한다. 그게 내가 싱가포르를 통치한 기본 방식이다. 늘 인기 있

으려고 하다 보면 실정을 저지르기 쉽다.[22]

　나는 여론 조사나 지지도 조사에 일희일비한 적이 없다. 여론의 향방에 흔들리는 지도자는 나약한 지도자다. 지지도 등락에나 신경 쓴다면 지도자도 아니다. 인기는 바람과 같은 것이다. 바람만 쫓다 보면 길을 잃기 쉽다. 지도자가 사랑이나 두려움의 대상이 되는 것 중 어느 쪽이 좋은지에 대해서는 마키아벨리가 옳았다고 믿는다. 아무도 나를 두려워하지 않으면 나의 존재 의미는 없다. 내가 무슨 말을 하면 매우 무겁게 받아들여져야 한다. 사람들이 시시때때로 나를 어떻게 생각하는가는 전혀 괘념하지 않는다. 온 국민이 반대해도 내가 옳다는 확신이 있는 일은 밀어붙인다. 시간이 흐르면 내가 옳았음이 증명되고 국민의 지지도 얻게 되리라는 것을 알기 때문이다. 지도자로서 내가 할 일은 다음 선거 이전까지 국민들을 내 편으로 돌리기에 충분한 성과를 이루어내는 것이다.[23]

민주주의의 요건은 무엇인가?

　파키스탄, 인도네시아, 미얀마의 암울한 예만 봐도 민주정체를 수립한다고 민주주의가 저절로 이루어지는 것이 아니라는

것을 알 수 있다.[24]

민주사회에서 우리가 할 일은 무엇인가? 첫째가 여론 형성이다. 최대한 많은 사람들이 머리를 맞대고 토론해서 우리가 나아갈 방향과 정책을 정해야 한다.[25]

민주사회는 저절로 굴러가지 않는다. 민주사회의 성공에는 두 가지가 요구된다. 첫째, 국정을 운영할 정치인들을 선출하고 여론의 힘으로 통제해야 할 유권자가 깨어있어야 한다. 둘째, 민주사회에는 정권 교체가 가능하도록 정직하고 유능한 복수의 정당이 있어야 한다.[26]

싱가포르가 정직한 정부를 가진 번영하는 민주국가로 성공하느냐 아니면 부패한 정부로 망가져서 독재국가로 바뀌느냐는 얼마나 많은 성숙한 국민들이 국가의 몰락을 수수방관하지 않고 떨쳐 나와서 제 몫을 다하느냐에 달려있다.[27]

민주사회는 가만히 자리에 앉아 링에서 싸우는 선수들을 지켜보는 것만으로 지켜지지 않는다. 노조원이든 공무원이든 국민 모두가 자신의 입장을 분명히 해야 한다. 그래야 싸움의 비용과 고통도 줄어들고 성공할 가능성이 훨씬 높아진다. 싸움에서 지면 노조나 학문의 자유니 권리니 하는 것들은 모두 공허한 말이 되고 말 것이다.[28]

시민들은 합의된 목표의 성취에 필요한 절제와 희생을 감내하고 노력함으로써 자신이 선출한 지도자를 지원할 준비가 되

어 있어야 한다. 희생과 노력의 자세가 미흡할수록 경제 성장
도 미흡할 것이다. 사회의 규율이 이완되고 여론이 제각각일
수록 생산성과 실적도 낮아질 것이다.[29]

민주제도 운영의 기본은 선거를 통해 국민들 앞에 중요한 문
제들을 제기하는 것이다. 어느 쪽이든 국민의 대표자로 선출
된 자는 선거를 통해 그 문제들에 대해 부여받은 권한을 충실
하게 이행해야 한다. 이것이 민주제도의 본질이다.[30]

中

민주주의의 위험성은 무엇인가?

1인 1표 민주주의는 대단히 어려운 정치체제다. 때때로 엉
뚱한 결과가 나올 수도 있다. 사람들은 가끔씩 변덕스러운 마
음이 생기기 때문이다. 삶이 안정적으로 꾸준히 개선되는 데
에 싫증을 느끼고 욱하는 마음에 변화를 위한 변화를 택할 수
도 있다.[31]

1인 1표제를 고수하는 한 유권자에게 가장 잘 먹히는 것은
경제 발전 같이 어려운 문제가 아니라 단순하고 감정적인 이
슈들이다. 민족적, 언어적, 종교적, 문화적 자부심 같은 것 말

이다.[32]

　1인 1표제 의회민주주의가 제대로 작동하려면 국민들이 여러 후보들 가운데서 합리적인 선택을 해야 한다. 일단 이상적인 후보가 나오는 일이란 거의 없다. 유권자는 매우 제한된 대안들 중에서 선택을 해야 한다. 자신의 희망과 염원과 일치하지 않아도 후보 정당들 중 하나를 선택할 수밖에 없는 것이다. 만약 2차 대전 이후 프랑스에서 샤를 드골이 제5공화국을 수립하기 전까지 수없이 그랬듯이 사람들이 비합리적인 선택을 한다면 민주체제는 해체되고 만다. 또 만약 인도네시아에서 수카르노 대통령이 의회를 해산하고 '민주주의의 교도자(敎導者)'를 자임하기 전까지 1949년에서 1959년 사이에 그랬듯이 합리적인 선택의 여지를 제공하는 후보 정당이 없을 때도 민주체제는 무너진다.[33]

　우리가 추구하는 것은 어떤 체제인가? 우리 필요를 충족시켜 주고, 억압적이지 않고, 우리의 기회를 극대화해 주기 때문에 편안함을 주는 정치체제일 것이다. 이 목표를 위해서 1인 1표제니 1인 1~2표 차등제니 하는 것은 조정의 여지가 있다. 나는 1인 1표제가 최선이라고 믿지 않는다. 영국으로부터 물려받은 후에 굳이 바꿀 필요를 못 느꼈기 때문에 여태껏 채택하고 있을 뿐이다. 사실 나는 40세가 넘어 가정이 있는 사람들에게는 두 표를 준다면 좋겠다. 그들은 자녀들의 미래도 고려

해야 하니까 서른 이하의 변덕스러운 젊은이들보다 신중하게 투표할 가능성이 많으니까 말이다. 65세가 넘은 사람들도 또 문제다. 40세에서 60세까지 두 표를 주고 60세가 넘으면 다시 한 표로 돌아가면 좋겠는데 그렇게 합의를 끌어내기가 쉽지 않을 거다.[34]

서구 의회민주주의에 기초를 둔 1인 1표제는 일정한 제약 안에서 작동한다. 사람들은 옳고 그름 등에 관한 고정적인 태도가 있다. 그래서 어떤 기본적인 자극에 자동적으로 반응한다. 신생국들이 모두 독립 직후 혼란을 겪는 것도 아직 그런 자동적 반응을 통제할 권력이 작동하지 않기 때문이다. 신생 사회의 문제다. 이때는 권위적 권력의 행사가 필요하다. 권위가 지위, 위신, 관례로 뒷받침되지 않는다면 적극적으로 도전을 물리치기라도 해야 한다.[35]

⊞

법과 질서는 어떻게 적절한 균형을 이뤄야 하는가?

고르바초프가 모스크바 인민들에게 KGB를 두려워하지 말라고 말한 날 나는 깊은 숨을 들이쉬었다. 나는 그가 천재임에 분명하다고 말했다. 소련의 붕괴를 가까스로 막고 있는 공포정치 기구 위에 올라타고 있는 그가 두려워하지 말라고 하다니. 민주화를 이룰 기가 막힌 방안을 갖고 있음이 틀림없다고 생각했다. 하지만 막상 만나보니 그는 주위에서 일어나는 일에 대해 어쩔 줄을 모르고 있었다. 수영도 배우지 않고 깊은 수영장에 뛰어든 꼴이었다.

나는 덩샤오핑이 학생 이십만 명을 쏴야 한다면 쏘라고 했을 때 그를 이해했다. 그렇게 단호히 대처하지 않았다면 중국은 다시 백 년간의 혼란에 빠졌을 테니까. 덩샤오핑은 그것을 알았기 때문에 중국을 단계적으로 개방해 나갔다. 그가 아니었다면 중국은 내부붕괴를 맞았을 것이다.[36]

법의 지배라고 하면 나오는 말인 집회, 결사, 표현, 평화적 시위의 자유와 권리, 인신 보호 등을 오늘날 곧이곧대로 아무런 제약 없이 실천하는 곳은 세계 어디에도 없다. 이런 이상들의 맹목적 적용은 사회 조직의 파멸을 낳을 수 있기 때문이다. 한 사회의 법제는 그 이념의 훌륭함이 아니라 그 법제가 실제 개인과 개인 그리고 개인과 국가의 관계에서 질서와 정의를 얼마나 잘 구현하는지에 따라 판단해야 하는 것이다. 관용과 인도주의를 최대한 실천하며 질서를 유지하기란 쉬운 일이 아니다. 이미 확립되고 정착된 사회에서는 법이 질서를 선도하는 것처럼 보인다. 하지만 개인과 개인 그리고 개인과 국가 간에 평화를 유지하는 엄혹한 현실은 '법과 질서'보다 거꾸로 '질서와 법'이라고 말하는 것이 더 정확한 표현이다. 질서 없이는 법이 작동할 수 없기 때문이다. 먼저 질서가 확립되고 정착된 사회에서 법규가 시행된 연후에야 국민 간에 그리고 국민과 국가 간에 미리 정해진 법규에 따라 인간관계도 풀어나갈수 있는 것이다. 무질서와 권위에 대한 저항이 점증하는 상황을 기존 법규로 제어할 수 없을 때는 법이 계속 인간관계를 규율할 수 있도록 질서를 유지하기 위해 파격적인 법규를 도입해야 한다. 그러지 않으면 질서는 무너지고 혼란과 무정부상태가 찾아올 것이다.[37]

식민지 상태에 있다가 2차 대전 이후 독립을 성취한 나라들은 모두 비상법률을 마련했다. 이러한 권한에 의존하지 않는것이 좋은 정부인 것은 아니다. 국민에 의해 선출된 책임 있는대표자들이 이런 권한을 신중히 현명하고 분별력 있게 사용하는 것이 좋은 정부다.[38]

✛

경쟁과 평등은 어떻게 적절한 균형을 이뤄야 하는가?

성공적인 사회는 우수한 인재의 양성과 일반 인력의 개발에균형을 유지해야 한다. 한 사회의 구성원들 간에는 협력과 경

쟁이 공존해야 한다.[39]

　공산주의 철밥통 사회에서 그런 것처럼 모두가 똑같이 보상 받는다면 아무도 탁월해지려고 노력하지 않아서 사회의 번영 과 발전이 어려울 것이다. 그래서 공산체제가 붕괴한 것이다. 반면 미국처럼 승자는 큰 보상을 받고 패자는 초라한 보상을 받는 고도로 경쟁적인 사회에서는 사회 상하층 간에 격심한 격차가 생길 것이다. 사회의 공정함이라는 근본적 문제는 결국에는 해결해야 할 과제다. 하지만 일단은 부를 창출해야 한다. 그러기 위해서는 경쟁력이 있어야 하니까 '양(陽)'의 기운이 충분히 있어야 한다. '음(陰)'의 기운이 너무 많아서 성공한 사람들의 수입을 과도하게 재분배하면 이들의 성취의욕이 무디어지게 된다. 우리의 우수한 인재 상당수가 세금이 그렇게 과도하지 않은 나라들로 떠날 수도 있다. 반면 소외감을 느끼는 계층이 너무 커지면 우리 사회는 분열되고 응집성을 잃을 것이다. 공산주의는 실패했다. 서구 민주주의의 복지국가 모델 역시 실패했다.

　성장 지향적 경쟁 사회와 응집성 있는 자비로운 사회 사이에서 항상 균형을 맞출 필요가 있다. 어떠한 사회적 합의 혹은 계약을 이룰 것인가는 판단력을 요한다. 각 사회는 스스로 최적점을 찾아야 한다. 극단적 경쟁 사회와 지나친 평등 사회라는 양극단의 사이에서 중도를 취해야 한다. 이 최적점은 시간

의 흐름과 가치의 변화에 따라 움직일 수 있다.[40]

개인의 경쟁과 집단의 연대 간 균형의 필요성은 동양의 음양 상징에 비유하여 설명하는 게 쉽겠다. 사회에 남성적 양의 경쟁이 충만할수록 총 경제 실적도 높을 것이다. 승자가 독식하면 경쟁은 치열하겠지만 집단의 연대성은 약할 것이다. 반대로 여성적 음의 연대성이 충만할수록 보상이 고르게 분배되면서 집단의 연대는 강화되겠지만 낮은 경쟁으로 인해 총 경제 실적은 낮아질 것이다. 우리의 공적 부조제도는 아무런 다른 대안이 없는 사람들만을 위한 것이라는 점에서 서방의 경우와 상반된다. 서방에서는 자유주의자들이 사람들에게 아무 수치심 없이 복지 혜택을 요구하도록 부추기는 바람에 복지비용이 폭발적으로 증가했다.[41]

1965년에서 1990년 사이 한 세대 만에 우리는 싱가포르를 제3세계에서 제1세계로 끌어올렸다. 2010년까지 다음 20년 동안 싱가포르는 활력과 생기가 넘치는 세련된 도시로 자리매김했다. 이러한 싱가포르의 건설에는 가장 유능하고, 강인하고, 헌신적인 지도자들이 이끄는 강력한 정부가 필요하다. 우리는 이러한 지도자 감을 찾아내서 무거운 책임을 지워 철저히 시험한다. 이러한 지도자들만이 지속적인 경제 성장과 일자리 창출을 이끌어서 3세대 싱가포르군(3-G SAF)의 장비와 훈련에 필요한 예산을 마련할 수 있다. 3세대 싱가포르군은 충분한 자주국방 능력을 갖춤으로써 우리 국민과 외국 투자자들에게 안보와 신뢰를 제공할 것이다. 안보가 불안하면 투자도 줄어든다. 우리가 빈곤과 불안정에 시달리게 될 것이란 말이다.

사회의 응집성을 유지하기 위해 우리는 최하위 20~25%의 취약계층을 치열한 시장경쟁에서 보호하는 정책을 마련하고 있다. 저임금 근로자에 대해서 정부는 소득보조 제도를 운영하고 있다. 이 모두는 공정한 사회를 만들기 위한 것이다.[42]

제9장

✛

리콴유의 세계관과 원칙
How Lee Kwan Yew Thinks

당신의 가장 근본적인 전략적 원칙은 무엇인가? 전략적 사고와 정책결정에 대한 당신의 접근법은 무엇인가? 어떤 개인적, 직무적 경험이 그런 접근법에 영향을 미쳤는가? 어떤 전략적 패러다임이 그런 접근법에 영향을 미쳤는가? 전략적 사고와 정책결정에서 역사의 역할은 무엇인가? 전략적 사고와 정책결정에서 명확성은 어떤 역할을 하는가? 사회 발전의 원인에 관한 당신의 견해가 당신의 전략적 사고에 어떤 영향을 미쳤는가? 사회 정체와 퇴행의 원인에 관한 당신의 견해가 당신의 전략적 사고에 어떤 영향을 미쳤는가? 성공적인 지도자를 결정짓는 자질은 무엇인가? 공공정책에서 지도자들이 가장 흔히 범하는 실수는 무엇인가? 당신이 존경하는 지도자와 그 이유는? 당신이 어떻게 기억되기를 바라는가? 이 질문들에 대한 리콴유의 대답은 그의 정치적 선택의 바탕이 된 세계관과 원칙을 드러낸다.

中

당신의 가장 근본적인 전략적 원칙은 무엇인가?

안타깝게도 인간은 본질적으로 포악하므로 그 포악함을 억제해야 한다.[1]

우리는 우주는 정복했지만 우주 시대가 아니라 석기 시대를 살아가는 데나 필요했던 원초적 본능과 감정은 아직 정복하지 못했다.[2]

개인적으로 가장 비극적으로 여기는 사건 중 하나가 네루가 자신의 근본적인 믿음에 회의를 느끼고 괴로워한 일이다. 그는 아시아에서 권력 정치의 역사는 최초의 부족만큼이나 오래된 것이며, 좋든 싫든 각국이 정체성을 유지하며 생존하려면 항상 국가들 간에 공동 이익을 추구해야 한다고 믿었던 지도자였다.[3]

인간이 동물과 별다를 바 없다는 게 내 오랜 지론이다. 유교 이론은 인간성이 개선될 수 있다고 하지만 나는 회의적이다. 하지만 인간을 훈련하고 규율할 수는 있다. 왼손잡이한테 오른손으로 글씨를 쓰도록 훈련시킬 수는 있지만 그의 타고난 본성을 바꿀 수는 없는 것이다.[4]

만인이 평등하다거나 평등해야 한다고들 한다. 하지만 평등이란 게 현실적인가? 그렇지 않은데도 평등에 집착하는 것은 퇴행으로 이어질 수밖에 없다.[5]

분명한 사실은 어느 두 생명체도 완전히 똑같은 경우는 없다는 것이다. 일란성 쌍둥이라도 하나가 먼저 나오고 둘이 똑같을 수는 없다. 사람이든, 부족이든, 국가든 마찬가지다.[6]

인간은 평등하게 태어나지 않는다. 인간은 경쟁심이 많다.

소련과 중국 등의 공산체제가 실패한 것은 이익을 균등하게 분배하려고 했기 때문이다. 그러면 다들 열심히 일하지는 않고 남들보다 적게 받지 않는 데만 신경을 쓴다.[7]

나도 처음에는 만인이 평등하다고 믿었다. 이제 물론 그게 얼마나 허황된 생각인지를 안다. 수백만 년에 걸쳐 사람들은 지구 곳곳에 흩어져서 서로 고립된 채 독립적으로 발전하고, 서로 다른 인종과 민족이 서로 다른 기후, 토양에서 어우러져 진화했다. 이건 책으로도 읽었지만 실제 관찰을 통해 확인한 사실이다. 여러 저자들이 똑같이 주장하는 내용이라고 다 사실인 것은 아니다. 하지만 나는 직접 경험한 바를 통해 차이가 실재한다고 결론 내렸다.[8]

어느 사회든 신생아 천 명 중에는 일정 비율의 수재와 범재와 둔재가 있게 마련이다. 결국 미래를 결정하는 것은 수재와 평균 이상의 인재들이다. 우리는 평등한 사회를 원한다. 우리는 모두에게 평등한 기회를 주기를 원한다. 하지만 진심으로 어느 두 사람이 끈기, 추진력, 헌신성, 타고난 능력 등에서 똑같을 수 있다고 우리 자신을 기만할 수는 없는 법이다.[9]

프리드리히 하이에크는 〈치명적 자만: 사회주의의 오류〉(The Fatal Conceit: Errors of Socialism)에서 내가 오래도록 느끼고 있으면서도 표현할 수 없었던 문제를 '강력한 지성의 어리석음'이라고 명확하게 지적했다. 이는 아인슈타인 같은 당대의 지식인들

이 강력한 지성을 통해 역사적 혹은 경제적 진화가 수 세기에
걸쳐 이룩한 것보다 더 나은 체제를 고안하고 '사회 정의'를 이
룰 수 있다고 믿은 것을 꼬집은 것이다.[10]

어느 한 강대국이나 종교나 이념도 세계를 정복하거나 그 자
신의 형상대로 재창조할 수는 없다. 세계는 그러기엔 너무나
이질적이다. 인종, 문화, 종교, 언어, 역사가 다르면 민주주의
와 시장경제로 가는 길도 서로 다를 수밖에 없다. 인공위성,
텔레비전, 인터넷, 교통으로 상호 연결된 세계화하는 세상의
사회들은 서로 영향을 주고받기 마련이다. 특정한 발전 단계
에 있는 사회의 필요에 어떤 사회체제가 가장 적합한지는 사
회적 진화에 따라 결정될 것이다.[11]

전략적 사고와 정책결정에 대한 당신의 접근법은 무엇인
가?

유럽을 기준으로 하자면 나는 사회주의자와 보수주의자 사
이에 위치한다. 자유주의자라고 할 수 있겠다. 누구나 평등한
자기실현의 기회를 가져야 한다고 믿고, 경쟁에서 처지는 사
람들에 대한 안전망이 필요하다고 믿는다는 점에서 말이다.

나는 최대한 효율적인 사회를 원하지만 성공에 필요한 자질과 근성을 타고나지 못한 사람들에 대한 사회적 배려의 필요성을 인정한다. 세계나 사회에 관한 특정한 이론에 얽매이지 않는다는 점에서 고전적 의미의 자유주의자이기도 하다. 나는 실용주의자다. 내가 문제의 해결책을 찾는 방식은 어떻게 하는 것이 가장 많은 사람에게 가장 큰 행복과 복지를 가져오는가를 궁리하는 것이다.[12]

삼 대가 함께 사는 가정에서 자라다 보니 나도 모르게 유교의 영향이 스며들었다. 유교적 이상 사회는 모든 사람이 군자가 되기 위해 노력하는 사회다. 이상적 인간형인 군자는 악행을 삼가고, 선을 행하고, 부모님께 효도하고, 아내에게 충실하고, 자녀들을 잘 교육하고, 친구들을 신의로 대하고, 임금에게 충성을 다한다. 유교의 근본적 가르침은 사회가 잘되려면 개인의 이익보다 사회의 이익을 우선시해야 한다는 것이다. 이 점이 개인의 기본권을 중시하는 미국적 가치와 근본적으로 다른 점이다.[13]

해외에 나가면 그 사회와 정부의 작동 방식을 유심히 관찰한다. '이 나라는 어떤 이유로 이렇게 잘 돌아가는가?' 아이디어는 책만 읽는다고 나오는 것이 아니다. 책을 읽을 때 나는 항상 우리의 문제와 결부시켜 생각해 본다. 안 그러면 아무 소용이 없다. 많이 아는 사람들과 토론하는 것은 대단히 중요하다.

수많은 보고서와 자료를 섭렵하는 것보다 그게 훨씬 생산적인 경우가 많다. 몇 마디 나누는 것만으로도 그 사람의 방대한 지식과 경험의 정수를 얻을 수 있기 때문이다.[14]

우리가 여기까지 온 것은 요행이 아니다. 우리는 잘못될 수 있는 모든 가능성에 대해 선제적으로 대응하기 위해 노력했다. 그래서 여기까지 온 것이다. 우리가 충분한 외환보유고를 유지하는 것도 마찬가지 이유에서다. 안 그러면 유사시 모든 것을 잃을 수 있기 때문이다. 금융, 제조, 관광 등 모든 경제 활동 분야의 두뇌와 전문 기술들이 정교하게 결합되어 작동하고, 여러 나라들 및 외국 전문가들과 협력하는 이 기능적 유기체가 우리가 가진 전부다. 쉽게 복제할 수 없는 체제다. 이 체제를 가꾸고 운영하는 것은 나에게 가장 가치 있는 일이다.[15]

中

어떤 개인적, 직무적 경험이 당신의 전략적 사고와 정책결정의 접근법에 영향을 미쳤는가?

내 생각은 내 성격과 삶의 경험에서 나온다. 자신이 속한 세계가 완전히 무너지고 나면 예기치 못한 상황이 줄줄이 이어진다. 어쨌든 내 경우는 그랬다. 동남아시아에서 대영제국의 영향력이 천 년은 더 이어질 것 같더니 1942년 일본군이 들어오면서 세상이 바뀌었다. 일본이 영국을 몰아내고 싱가포르를 점령하리라고는 상상도 못했었다. 일본인들은 나를 포함한 싱가포르인들에게 폭압이 뭔지를 생생히 보여줬다. 권력은 총구에서 나온다는 것을 내게 처음 가르쳐준 것은 마오쩌둥도 영국도 아닌 일본이었다. 제국 말기의 영국은 무력을 사용할 필요가 없었다. 영국은 기술, 상업, 지식의 우위를 이용하여 지배했다. 그들은 1868년에 인도인 죄수들의 노동력을 이용해서 언덕 위에 위압적인 정부청사를 짓고 우리를 다스렸다. 나는 영국인들로부터는 위세를 이용하여 통치하는 방법을 배우고, 일본인들로부터는 무력을 이용하여 권력을 장악하는 방법을 배웠다.[16]

일제 강점기는 내게 가장 큰 정치적 가르침을 안겨 준 시기다. 그 3년 반 동안 나는 권력의 의미 그리고 권력, 정치, 정부가 함께 작동하는 방식을 생생히 배웠다. 또한 권력 상황에서 사람들이 생존을 위해 어떻게 반응하는가에 대해서도 배웠다. 영국인들이 영원히 변함없이 절대적 주인으로 군림할 것 같던 시절, 하루아침에 그 자리를 꿰찬, 우리가 왜소한 사팔뜨기들이라고 조롱하던 일본인들을 통해 배운 것들이다.[17]

내각의 동료들과 함께 자치정부 수립 초기의 정신없던 시절을 돌아보면 험한 시련을 겪으며 우리가 얻었던 교훈들이 나중에 얼마나 도움이 되었던가를 깨닫는다. 우리가 세상 물정에 어두웠다면 거리의 폭력배들을 만나서 흠씬 두들겨 맞았을 것이다. 집 담장 안에서만 살다가 밖에 나와서는 혼잡한 도로에서 차에 치이는 개들처럼. 지금 40세 이상 세대는 모두 가혹한 정치적 단련을 받았다. 우리 자녀 세대는 무분별한 저항으로 어지럽던 시절의 기억이 없다. 각료들 중에도 이때의 경험이 없는 젊은 세대가 있다. 윗세대의 각료들은 맹렬한 전투를 치르며 단련되어 오늘에 이르렀다. 우리 중 나약하고, 느리고, 소심한 이들은 초기에 떨어져 나갔다. 지금 남은 이들은 다윈의 자연선택과 같은 과정을 거치며 날카로운 생존본능을 얻었다.[18]

1973년 이후로도 나는 인간과 인간 사회에 관한 불변의 근본적 진실들을 더 배우고, 인간과 사회의 개선 방법을 모색하며, 상존하는 퇴행과 붕괴의 위험에 맞섰다. 나는 문명사회가 얼마나 취약한가를 깨달았다. 개인적 업적은 그리 중요하지 않다는 것도 깨달았다. 나이 60이 되면 세속적 영예와 성공이 얼마나 무상한지 그리고 지적, 도덕적, 영적 만족에 비하면 감각적 기쁨과 즐거움이란 얼마나 덧없는 것인지를 50일 때보다 절실히 실감하게 된다. 이따금 지금의 나의 선천성과 후천성의 비율이 궁금할 때가 있다. 혹독한 시련과 투쟁으로 단련되지 않았더라면 지금과 다른 사람이 되었을까? 수없이 생사가 걸린 결정을 내리고 위기를 넘기면서 나의 시각, 야심, 우선순위 등이 근본적으로 돌이킬 수 없이 변했다고 생각한다. 내 신체적, 정신적, 정서적 바탕 같은 하드웨어의 측면은 변하지 않았을지도 모른다. 하지만 하나님, 영예, 황금에 대한 나의 반응 같은 소프트웨어의 측면은 내 경험의 결과로 형성된 것이다. 다시 말해 선천적인 하드웨어의 용량이 아무리 커도 후천적인 소프트웨어가 부실하면 하드웨어도 별 쓸모가 없는 것이다.[19]

$$\oplus$$

어떤 전략적 패러다임이 당신의 전략적 사고와 정책결정의 접근법에 영향을 미쳤는가?

논리와 추론은 실제적 현실이 될 때야 최종적으로 확증되는 것이다.[20]

중요한 것은 약속이 아니라 실적이다. 아시아의 수백만 소외계층은 이론을 알지도, 신경 쓰지도 않는다. 그들은 더 나은 삶과 더 공평한 사회를 원할 뿐이다.[21]

합리성과 경제성의 관점은 우리가 항상 성장과 발전의 문제

에 있어서 교조적이 아니라 실제적인 해결책을 찾을 것을 요구한다.[22]

내 삶을 인도하는 것은 철학이나 이론이 아니다. 내가 할 일은 실제적인 해결책을 찾는 일이고, 내가 찾은 성공적인 해결책들에서 어떤 원칙을 추출하는 것은 다른 사람들의 몫이다. 나는 이론에 따라 무슨 일을 하는 법이 없다. 내 방식은 어떻게 문제를 해결할지 궁리하고 여러 대안을 검토한 끝에 해결책을 찾으면 그 연후에야 그 해결책의 원리적 배경을 규명하고자 하는 것이다. 그러니 플라톤, 아리스토텔레스, 소크라테스는 나에게 아무 지침이 못된다. 내가 관심이 있는 것은 실제로 통하는 해결책이다. 상충하는 입장들이 난마처럼 얽힌 중요한 난제를 만나면 나는 제안된 해결책이 통하지 않으면 어떤 대안들이 있는지를 검토한다. 그렇게 하면 일단 성공 가능성이 높은 해결책을 택했다가 여의치 않아도 다른 대안이 있다. 막다른 궁지에 몰리는 일은 없는 것이다.[23]

우리들은 이론가가 아니었다. 우리는 이론 그 자체를 믿는 법이 없었다. 이론은 지적으로는 추구할 만한 매력이 있는 과업이다. 하지만 우리가 맞닥뜨리고 있는 것은 의식주를 해결하고 자녀를 양육하기 위해 일자리를 찾는 사람들에 관한 실제적인 문제였다. 나도 여러 이론에 관해 공부하고 반신반의하기도 했다. 하지만 우리는 이런저런 이론에 발목을 잡히지 않을 만큼 충분히 실제적이고 실용적이었다. 우리는 현실에서 통하는 해결책을 찾고 실행하는 데 집중했고 그런 과정이 모여 오늘날 우리가 갖고 있는 경제가 건설된 것이다. 우리의 판단 기준은 사람들에게 가져오는 실제적 효용이었다. 당시 유행하던 이론은 다국적기업들은 저개발 국가들의 값싼 노동력과 원료를 착취하는 데만 혈안이 됐다는 것이었다. 우리의 생각은 달랐다. 우리는 '아무도 이용하려 하지 않는 노동력을 그들이 이용하겠다는데 뭐 어떤가? 얼마든지 환영한다.'는 자세로 그들을 맞았다. 우리는 그들을 통해 달리 얻을 길 없던 산업 노하우를 습득했다. 우리의 산업화 과정은 우리가 경험한 일이 착취라는 개발경제 이론을 오히려 반증하는 사례였다. 어쨌든 당시 우리로서는 고매한 원칙을 놓고 이것저것 가릴 처지가 아니었다.[24]

김대중 대통령은 포린 어페어스(Foreign Affairs) 지의 청탁을 받고 기고한 글에서 "민주주의가 우리의 운명"이라고 했다. 내가 파리드 자카리아(Fareed Zakaria)와 나눈 대담에 대해 반박하는 기고문이었는데 나에게도 재반박 청탁이 들어왔다. 나는 그럴 필요를 못 느꼈다. 그의 글은 주장만 가득하다. 그의 말대로 되리라는 구체적 사례가 어디 있는가? 민주주의가 필연이라면 그의 글에 그렇게 흥분할 이유가 어디 있는가? 민주주의의 향방에 그렇게 안달복달하며 나를 무너뜨리고 싶어 하는 것 자체가 실은 그들이 예측하는 필연적 결과에 자신이 없다는 것을 말해 준다. 역사가 그들의 편이라면, 자유민주주의가 필연이라면 그냥 나를 무시하면 된다. 공연히 나에게 언론의 주목을 끌 이유가 어디 있는가? 나는 이론이 그럴듯하게 들리거나 논리적으로 지면에 제시되었다고 그대로 될 거라는 것을 믿지 않는다. 최종 판결은 현실에서 내려지는 것이다. 사회에서 일하는 사람들의 실제 삶에서 말이다.[25]

나는 미국식 체제가 바람직하거나 감당할 만한 체제라고 믿지 않는다. 영국이 미국식 체제를 따라가려고 하는 것 같다. 미국 관리들은 비밀을 공개하니까 그게 유행인가 보다. 이런 걸 보면 당신네 사회는 장관이나 법원이 진실의 공개를 막으면 그걸 야당에 공개하는 게 의무라고 생각하는 자유 사회인 것 같다. 이런 방식은 새로운 것이고 검증이 된 바 없다. 사회의 근본을 건드리면 그 결과는 다음 세대나 그 다음 세대에 나타난다. 아무래도 나는 보수적이라서 그런지 한쪽은 검증된 체제고 다른 쪽은 아직 안 됐다면 안된 쪽이 먼저 증명을 해 보라는 입장이다. 그렇게 맨날 지지고 볶고 하는 게 과학기술의 발전과 사람들의 행복과 실제 사회 문제들의 해결에 정말 도움이 된다는 게 입증된다면 우리라고 그쪽 길을 모색하지 않을 이유가 없다. 최종 입증은 실제 사회에 어떤 일이 일어나는가에 달려 있다.[26]

전략적 사고와 정책결정에서 역사의 역할은 무엇인가?

역사는 매번 똑같은 식으로 반복되지는 않지만 어떤 경향과 인과는 일정불변하다. 역사를 모르면 단기적으로만 생각하게 된다. 역사를 알아야 중장기적 사고가 가능하다.[27]

현재를 이해하고 미래를 예측하기 위해서는 그 나라의 역사에 대한 감이 생길 만큼은 과거에 대해 알아야 한다. 단지 일어난 사건뿐만 아니라 왜 하필 그렇게 되었는지까지 음미해야 한다. 이건 개인이든 국가든 마찬가지로 적용된다. 한 사람의 개인적 경험은 그 사람이 어떤 일들을 좋아하는지, 싫어하는지 그리고 그 일들이 다시 일어나는 것을 환영할지, 두려워할지를 결정한다. 국가도 마찬가지다. 국민의 집단기억, 성공이나 재난으로 이끈 과거 사건들의 다양한 교훈들이 새로운 사건들에 대한 국민의 환영과 우려를 결정한다. 사람들은 새로운 사건에서 과거 경험과 유사성을 띠는 부분을 알아채기 때문이다. 젊은이들은 개인적 경험으로부터 제일 잘 배운다. 젊은이들이 연장자들이 큰 고통과 비용을 치르고 배운 교훈을 자신의 지식에 더하면 자신들이 겪은 적 없는 문제와 위험에 대처하는 데 도움이 된다. 하지만 그런 간접적 배움은

개인적 경험만큼 생생하고, 깊고, 지속적일 수는 없는 법이
다.[28]

베트남전쟁 중 미국인들은 베트남이라는 국가와 국민에 대
한 역사적 이해의 부족이 심각한 문제점임을 깨달았다. 뒤늦
게 예일대, 코넬대, 스탠퍼드대, 랜드연구소 등이 급히 관련
분야 최고 지성들을 모아 지적 공백을 메웠다. 만약 베트남전
쟁에 말려들기 전에 그렇게 했더라면 베트남이 아니라 캄보디
아에서 전선을 형성하기로 결정했을지도 모른다.[29]

전략적 사고와 정책결정에서 명확성은 어떤 역할을 하는
가?

간명하고 명확한 글쓰기의 중요성을 강조하고 싶다. 이건 그
리 간단한 문제가 아니다. 아서 쾨슬러(Arthur Koestler)가 히틀
러의 연설문이 글로 읽히기만 했더라면 독일인들이 전쟁을 일
으키지는 않았을 것 이라고 지적한 것에 동감한다. 나한테 메
모나 연설문 초안 같은 것을 보낼 때는 어려운 단어들로 글
을 돋보이게 하려 해서는 안된다. 생각의 명확성으로 글을 돋
보이게 해야 한다. 그렇게 실천하는 사람으로서 하는 말이다.

내가 복잡한 생각을 대중이 이해하기 쉽게 간명한 말로 생생하게 전달할 수 없었다면 오늘의 자리까지 오지 못했을 것이다.[30]

내 말이 종종 논란을 불러일으키지만 다른 건 몰라도 상투적인 말로 얼버무리느냐 개인적 신념을 명확히 밝히느냐는 문제에 있어서는 강하게 내 신념을 밝히는 것이 내 의무라고 생각한다. 예전이나 지금이나 말라야 지역의 순조로운 정치적 발전에 있어서 가장 큰 장애물 중 하나가 입맛에 맞지 않는 사실은 무시하고 불쾌한 논란을 피하려는 습관이기 때문이다.[31]

자신에게 무슨 일이 일어나더라도 국민과 국가를 위해 자신의 신념을 당당히 밝힐 힘과 용기가 있는 사람만이 지도자의 자격이 있다.[32]

⊞

사회 발전의 원인에 관한 당신의 견해가 당신의 전략적 사고에 어떤 영향을 미쳤는가?

주어진 조건에서 인간 사회가 도전에 대응해 나가면서 문명이 생겨난다. 그러한 도전이 너무 크거나 작지 않은 곳에서 인간은 번성한다.[33]

어떤 사회든 성공적인 변화를 위해서는 세 가지 기본적인 필수조건이 있다. 첫째는 지도자의 결의, 둘째는 효율적인 정부, 셋째는 사회의 규율이다.[34]

우리는 목적과 신념이 있어야 한다. 주택건설만 해도 단지 사람들이 자녀를 낳고 주택 수요가 늘 것만 생각하고 계획하는 게 아니다. 이런 일을 하는 것은 결국 그 일이 사람들이 자기를 실현하면서 건강하고 행복하게 사는 사회와 국가의 건설이라는 목적에 기여한다고 믿기 때문이다. 개나 고양이를 잘 먹이고 운동도 시켜서 건강하게 기르듯 인간의 동물적 필요만 충족시켜서는 안되는 것이다. 한 국가의 역사는 국민들의 상상력에 불을 지피는 특정한 목표를 성취하기 위해 수많은 고난과 역경을 헤쳐 온 과정이다.[35]

재산과 지위의 특권에 기초한 특권사회가 능력과 사회 기여도에 따라 보상받는 사회에 자리를 내줘야 할 이유 중 하나는 사람들이 최선을 다하고자 하는 동기가 강한 사회만이 발전한다는 점이다. 모든 사람이 평등하고 똑같은 보상을 받는 사회는 역사상 존재한 적이 없다. 그런 사회를 실현하기 위해 게으르고 무능한 사람들에게 근면하고 똑똑한 사람과 똑같은 보상을 준다면 결국은 우수한 사람들도 자신의 능력과 노력을 열등한 사람들만큼만 발휘하게 될 것이다. 하지만 모두한테 동등한 보상을 주는 게 아니라 동등한 기회를 주는 사회, 소유한 재산이 아니라 사회 기여도에 따라 차등적으로 보상하는 사회를 만드는 것은 가능하다. 다시 말하자면 사람들에게 국가를 위해 최선을 다할 만한 동기를 부여하는 것이야말로 사회가 발전할 수 있는 길이다.[36]

나도 젊을 때는 과보호의 삶이 국민의 기업가 정신과 성취욕에 미치는 부정적 영향을 알지 못했다. 밀밭에서, 여름마다 과일을 맺는 과수원에서, 온갖 생필품을 생산하는 공장에서 부가 저절로 창출되는 줄로만 알았다. 20년 후에 중계무역에 의존하는 낙후된 경제로 국민들을 먹여 살려야 하게 됐을 때 비로소 나누기 전에 먼저 부를 창출해야 한다는 것을 깨달았다. 부를 창출하려면 사람들이 더 높은 성취욕을 가지고 일하고 사업의 위험을 무릅쓸 수 있도록 동기를 부여하는 것이 매우 중요하다. 그게 안 되면 나눌 게 아무것도 없을 것이다.[37]

열망이 있어야 한다. 이건 매우 중요한 것이다. 가지기 전에 가지기를 원해야 한다. 가지기를 원하려면 먼저 가지고 싶은 것이 뭔지를 알아야 한다. 다음에는 원하는 것을 소유하기 위해 스스로 규율하고 조직하는 방법을 알아야 한다. 이것이 현대 경제의 기초를 이루는 산업의 힘줄이다. 마지막으로 끈기와 근성이 있어야 한다. 이 말은 여름에 일하고 가을에 수확해서 겨울을 대비할 필요가 없었던 열대지방의 상당 부분에서는 생활 방식에 문화적 변이가 일어나야 한다는 것을 의미한다.

세계 많은 곳에는 문화적 패턴이 굳어져 있다. 부정적 패턴이 지속되는 한 아무런 변화도 있을 수 없다. 변화가 있으려면 선진국들의 여러 분파들이 경쟁적으로 후진국들에게 자신의 발전 방식을 이식하려 할 만한 욕구가 있어야 할 것이다.[38]

우리가 원하는 것은 무엇인가? 첫째, 무엇인가를 얻기 위해 분투하는 공동체다. 사람들로 하여금 불분명한 이상만을 좇아 분투하도록 할 수는 없다. 그들에게 더 나아지려는 욕구가 있어야 한다. 어느 두 사람도 똑같지 않으므로 보상은 실적에 따라 차등적이어야 한다. 누가 더 뛰어난가를 가릴 수 있도록 동등한 기회가 제공되어야 한다. 둘째, 앞날을 내다보는 좋은 경영인들이 필요하다. 오래된 가족기업들이 싱가포르가 안고 있는 문제 중 하나다. 셋째가 원활한 사회적 유동성이다. 일본과 독일의 전후 회복에 기여한 요인들 중 하나는 자본가, 경영인, 엔지니어, 근로자 등이 국가재건이라는 단일 목적으로 똘똘 뭉쳐 혼신의 힘을 다했다는 것이다.[39]

우리의 기회를 최대한으로 이용하기 위해서는 우리의 다인종, 다언어, 다문화, 다종교 사회의 활력을 유지해야 한다. 영어가 세계와 인터넷의 공용어인 시대에 온 국민이 영어로 교육받았다는 이점도 잘 활용해야 한다. 하지만 우리의 근본적 강점인 전통문화와 전통언어의 활력을 잃으면 안 된다. 현실주의와 실용주의는 새로운 문제를 극복하는 데 꼭 필요하다.

다만 과거부터 타당함이 입증된 기본 가치와 원칙 등은 절대적으로 필요한 경우를 제외하고는 바꾸어서는 안된다. 그런 기본 가치와 원칙의 예로는 정직, 성실, 다인종주의, 기회의 평등, 능력주의, 사회 기여도에 따른 보상의 공정성 등을 들 수 있다. 뷔페증후군을 피하는 것도 중요하다. 정해진 가격에 마음대로 먹도록 하는 뷔페와 같은 복지와 보조금은 성취욕을 잠식한다.[40]

어떤 잘 확립된 국민사회의 새로운 일원이 될 수 있는 가장 기본적인 자격은 그 사회의 제1언어에 대한 충분한 지식이다. 이 언어적 자격제한이 있었기에 미국도 기본적 구심력을 유지할 수 있었다. 인종적으로 미국 이민자들의 원 국적은 독일, 이태리, 스페인, 심지어 일본까지 다양하다. 하지만 이민자를 미국 시민으로 받아들이기 전에 충분한 수준의 미국식 영어 구사력을 요구했기 때문에 미국은 국민들 사이에 단일 공통어라는 구심력을 확보할 수 있었다.[41]

왜 유럽에서 르네상스가 시작될 무렵에 중국의 기술 발전은 점점 답보상태에 빠져들었는가? 중국의 정체는 현상 안주와 오만의 결과였다. 중국은 서구로부터 배울 기회를 거부했다. 1793년 영국의 특사 매카트니 백작이 베이징에 왔을 때 중국의 건륭제는 그가 가져온 산업혁명의 경이로운 산물들을 보고도 "우리는 아무것도 부족한 것이 없고, 당신네 나라의 생산품 중에서 우리가 필요로 하는 것도 없다."고 말했다. 중국의 오만의 대가는 유럽과 미국이 비약적인 발전을 거듭하던 2세기 동안의 쇠퇴와 몰락이었다. 이백 년 후 중국에서는 사려 깊고 실제적인 지도자가 건륭제의 실책을 만회하는 데 나섰다. 1978년 덩샤오핑은 세계를 향해 중국의 문호를 열었다.[42]

이스라엘 사람은 머리가 매우 뛰어나다. 아메리카은행(BOA) 총재한테 유대인들은 어쩜 그리 머리가 좋으냐고 물어본 적이 있다. 그는 우량 유전자 증식의 중요성을 강조했다. 유대인 사회에서 랍비는 탈무드뿐만 아니라 히브리어를 포함한 여러 언어도 알아야 하기 때문에 가장 지성과 학식이 뛰어난 것으로 간주된다. 그래서 성공한 유대인 집안은 우월한 유전자를 받아들이기 위해 자녀의 반려자로 랍비의 자녀를 선호한다. 이렇게 해서 유대인 사회에서 우량한 유전자의 증식이 이루어진다. 명쾌한 설명이었다.[43]

사회 정체와 퇴행의 원인에 관한 당신의 견해가 당신의 전략적 사고에 어떤 영향을 미쳤는가?

영국이 미국, 소련과 함께 초강대국의 반열에 남지 못한 것은 충분한 영토와 인구를 가지지 못한 탓으로 어쩔 수 없는 일이었다. 하지만 영국인의 성취욕과 진취적 기상이 한풀 꺾인 것은 필연이 아니라 1945년에 노동당이 선한 동기로 도입한 복지주의의 탓이었다. 요람부터 무덤까지 이어지는 복지제도는 신진 기업가들의 야망을 무디게 했다. 과도한 개인세도 부와 성공을 성취하려는 많은 이들의 욕구를 꺾는 데 일조했다.[44]

한때 영국인들은 증기엔진, 방직기, 전기모터 등 뛰어난 발명품을 많이 내놓았다. 과학 분야 노벨상도 다수 수상했다. 하지만 이들은 자신의 발명을 상용화하는 데는 서툴렀다. 그 이유는 무엇인가? 나는 이들의 문화 때문이라고 생각한다. 2세기 이상 지속된 제국의 세월을 통해 상류 지주계층 등 오래된 부자들을 떠받드는 사회적 분위기가 형성되었다. 신흥 부자들은 다소 업신여김을 받았다. 똑똑한 사람들은 엔지니어처럼 손을 더럽히면서 열심히 일하는 직종보다 변호사, 의사처럼 깨끗한 손으로 머리를 써서 일하는 전문직을 선호했다. 신흥 부자들은 상류사회에도 받아들여지지 않았다. 그들의 자녀들 세대에서나 엘리트 학교와 대학을 나온 연후에 신흥 딱지를 떼고 상류사회 진입을 기대해 볼 수 있었다. 환경과 문화가 국가나 지방의 진취성을 결정한다. 다음은 미국의 기업가적 문화의 네 가지 두드러진 특질이다. (1) 개인의 독립과 자조를 강조하는 국민 기풍, (2) 창업가를 존경하는 분위기, (3) 사업이나 혁신 노력의 실패에 관대한 분위기, (4) 높은 수입 격차를 용인하는 분위기.[45]

╫

성공적인 지도자를 결정짓는 자질은 무엇인가?

혁명적 상황은 피와 땀과 눈물을 요구하는 위대한 지도자를 낳고, 평온한 상황은 더 편한 삶을 약속하는 지도자를 낳는다.[46]

내가 여러 지도자들과 다양한 사람들을 직접 관찰해본 바에 따르면 사람의 능력, 기질, 성격의 7~80%는 유전적인 것 같다. 잉태 순간 벌써 70% 이상이 자궁에서 결정되는 것이다. 유능한 사람이 되기로 되어 있으면 유능한 사람으로 자랄 것이다. 굼뜨기로 정해져 있으면 굼뜰 것이다. 아무것도 그걸 바꿀 수 없다. 많은 미국 저자들의 생각과 달리 나는 지도자는 가르쳐서 되는 게 아니라고 생각한다. 지도자는 타고나는 것이다. 지도자는 남다른 추진력과 지력, 강인함과 승부근성이 있어야 한다.[47]

지도자 중에서도 정치 지도자는 매우 힘든 자리다. 기업 최고경영자나 군 장성과는 다르다. 그들은 자기한테 야유하는 사람들을 자기편으로 끌어들이려고 설득할 필요가 없다. 선거운동을 할 때는 내 말에 굳이 귀 기울일 필요가 없는 사람들을 상대로 연설을 해야 한다. 선거운동이 끝날 무렵까지는 나에게 표를 줄 무언가가 있다는 것을 설득해내야 한다. 기업 경영인이나 군 지휘관과는 전혀 다른 종류의 능력이 필요하다. 이런 능력을 키우려면 근성에 더하여 사람들에 대한 관심을 타고나야 한다. 사람들은 정치 지도자가 진정으로 자신들을 위하는지 아닌지를 쉽게 알아차린다. 이런 자질이 없으면서 훌륭한 지도자가 되고 싶어 하는 사람은 다른 일을 알아보는 게 좋다.[48]

나는 40년간 큰일을 맡길 만한 인재를 찾는 데 공을 들였다. 나는 수많은 인재 발굴 시스템들을 살펴보고, 수많은 최고경영자들을 만났다. 그 결과 셸(Shell) 사의 시스템이 가장 낫다고 결론 내리고 40가지 검증 자질을 세 개로 줄였다. 그들이 '헬리콥터 자질'이라고 부르는 시스템의 세 가지 기본 자질은 분석력, 논리적 파악력, 그리고 기본에 집중하여 원리를 추출하는 능력이다. 수학 점수가 높으면 1단계는 통과다. 그래도 그것만으로는 안된다. 무엇이 가능한지에 대한 현실적 감각이 있어야 한다. 하지만 현실적이기만 하면 평범한 인재에 그친다. 평범해서는 실패한다. 따라서 현실에서 솟아올라 "이것도 가능하다!"고 말할 수 있는 비범한 상상력이 있어야 한다.[49]

무질서와 혼란이 지속되는 상황을 원치 않는다면 자기영속적인 권력구조를 만들어야 한다. 인간은 평등해야 하지만 결코 평등하지 않다. 남들보다 많은 일을 하고 더 많은 기여를 할 수 있는 이들이 있다. 누가 그런 이들인지를 어떻게 예측할 수 있는가? 그것을 예측하기가 어려운 이유는 무엇인가? 문제는 인간이 아직 '품성'(character)이란 것을 제대로 평가할 수 없다는 데 있다. 세상에는 놀라우리만큼 많은 지적으로 탁월한 사람들이 동료 인류의 복리에 전혀 기여하지 않고 있다. 지도자에게는 지적 능력, 지식, 규율에 더하여 아직은 확인 가능하지 않은, 아니 측정 가능하지 않은 자질인 '품성'이 요구되는 것이다. 잘 확립된 사회의 지도부는 모두 대학을 나온 광범위한 계층의 사람들로 구성되어 있다. 이들이 체계적인 지도자 수업을 통해 모든 기본 규범과 역사 및 인간 경험의 교훈을 배운 후 지도자가 된다면 더욱더 좋을 것이다.[50]

공공정책에서 지도자들이 가장 흔히 범하는 실수는 무엇인가?

교만과 지나친 자신감의 함정에 빠질 때도 있고, 반대로 너무 신중해서 획기적인 변화나 발전의 기회를 놓칠 때도 있다.[51]

⊕

당신이 존경하는 지도자와 그 이유는?

드골, 덩샤오핑, 윈스턴 처칠을 들 수 있겠다. 드골은 그의 남다른 배짱 때문이다. 프랑스가 독일에 점령됐을 때 그는 준장에 불과했지만 프랑스를 대표하여 항전을 독려했다. 영국군과 미군이 북아프리카를 탈환했을 때는 알제리에서 4성 장군 지로를 만나 프랑스군 장군이 왜 미군의 보호를 받고 있느냐고 물은 일화도 있다. 그는 매우 강인한 정신의 소유자였다. 그의 배짱과 배포는 남달랐다. 덩샤오핑은 소련처럼 내부붕괴를 맞을지도 몰랐던 허약한 중국을 세계 최대 경제대국으로 가는 도상에 있는 오늘날의 중국으로 바꿔 놓은 위대한 지도자다. 처칠은 다른 누구라도 포기했을 상황에서 "우리는 해변에서, 들판에서, 거리에서 싸우고, 싸우고, 또 싸울 것입니다. 우리는 결코 항복하지 않을 것입니다."라고 했다. 영국군이 패배를 거듭하는 와중에 그렇게 말할 수 있었던 것은 독일군에게 결코 굴하지 않겠다는 강력한 결의와 의지와 기백이 있었기에 가능했다. 미국인에게 누굴 존경하느냐고 물으면 루스벨트라고 하겠지만 루스벨트는 미국의 막강한 군사력과 산업 생산력을 등에 업고 있었다는 것을 감안해야 한다.[52]

내 모든 내각 동료들 중 고켕쉬(Goh Keng Swee)는 싱가포르에 가장 큰 기여를 한 인물이다. 그는 뛰어난 두뇌와 대찬 성격의 소유자다. 그는 내 결정에 반대 의견이 있으면 기탄없이 이의를 제기하고 내 결정의 전제들을 다시 검토해 보도록 했다. 그 덕분에 국가를 위해 더 나은 결정을 내릴 수 있었다. 위기 시에도 그는 언제나 냉정함과 객관성을 유지하며 예리한 분석을 내놓았다. 문제에 접근하는 그의 정력적인 태도 덕분에 나는 불가능해 보이는 대안도 적극적으로 모색할 수 있었다. 그는 나의 해결사였다. 그가 있어서 나는 우리가 함께 수립한 어려운 정책들을 실행할 수 있는 정치적 환경을 조성하는 데 집중할 수 있었다. 그는 국방문제에도 정통했다. 손자병법과 클라우제비츠, 리델 하트의 저서 등 군사전략에 관한 고전들을 섭렵하고, 군사전문지를 구독하며 최신무기에 관한 정보도 파악했다. 나한테도 국방 문제를 승인하는 결정에 필요한 만큼은 알아야 된다며 여기저기 표시를 하고 줄을 친 책들과 기사들을 보내줬다.[53]

당신이 어떻게 기억되기를 바라는가?

나는 국가지도자(statesman)로 기억되길 바라지 않는다. 우선 나부터 나를 국가지도자라고 생각하지 않는다. 스스로 평가하는 나는 그저 단호하고 일관되고 끈기 있는 사람 정도다. 무슨 일을 하면 나는 성공할 때까지 매달린다. 그게 다다. 자기가 국가지도자라고 생각하는 사람은 정신과 상담을 받아 보는 게 좋다.[54]

내가 어떻게 기억될지를 내가 정할 수는 없다고 생각한다. 나는 내가 생각하기에 해야 할 가치가 있는 일이 무엇인가에 따라 내 삶을 살았다. 정치를 하고 싶다고 생각한 적은 없었다. 나는 원래 유능하고 돈 잘 버는 변호사가 되고 싶었는데 정치적 격동의 시대 상황에 떠밀려 정치에 입문했다. 그렇게 일단 책임을 짊어지고 나니 국가가 제대로 돌아가도록 해야 했다. 내가 할 수 있는 일은 내가 떠날 때 모든 제도가 투명하고 효율적으로 잘 돌아가고, 앞으로도 계속해서 제 역할을 충실히 다하는 정부가 유지되도록 하는 것이다.[55]

내가 한 모든 일들이 옳았다고는 말할 수 없지만 다 거리낌 없이 올바른 목적을 위해 한 일이라고는 말할 수 있다. 때로는 재판 없이 사람들을 가두는 것 같은 험악한 일도 했다. 평가는 내 관을 닫고 나서 해 주기 바란다. 관 뚜껑 닫히기 전에 또 무슨 어리석은 짓을 할지도 모르니까 말이다.[56]

제10장

⊞

맺는 말
Conclusion

　　　　⊞

　　워싱턴의 정책 입안자, 대외 정책 전문가, 기업 경영인 등 독자들이 이 작은 책을 읽고 나서 향후 십여 년 동안 미국이 맞닥뜨릴 여러 도전과 난제에 대해 더 명확한 통찰을 얻게 되었으리라고 확신한다. 이 책의 제목이 암시하듯 리콴유는 다음 대통령을 비롯한 우리 미국인 모두에게 이러한 복잡한 도전들을 헤치고 나아가는 데 필요한 믿을 만한 지침을 제시한다. 차분하면서도 거침없이 명료하고 자신감 있게, 그리고 놀라우리만큼 겸손한 태도로 우리에게 많은 가르침을 준 리콴유의 말 중 특히 음미할 만한 전략적 통찰이 담긴 대목들을 모아서 맺는 말을 대신하고자 한다.

　　1. 중국의 의도는 세계 최강국이 되는 것이다. 모든 정부, 특히 이웃 국가들의 대 중국 정책은 이 점을 이미 염두에 두고 있다. 이 정부들은 중국의 핵심 이익이 걸린 문제에서 중국을 방해한다면 그에 따른 대가를 치러야 할 것임을 알기 때문에 그들의 입장을 재설정하고 있다. 중국은 소득과 구매력이 증대하고 있는 13억 인구의 자국 시장에 대한 진입을 거부함으로써 간단하게 경제 제재를 가할 수 있다.

2. 중국의 우월성을 표현하는 방식도 이전 시대와는 당연히 크게 달라질 것이다. 현재 동아시아의 예를 보면, 이 지역에서 중국은 이웃 국가들과의 관계에서 명백히 지배적인 경제적 지위를 구축했으며, 13억 시장과 해외 투자 능력 등에 근거한 지배적 지위를 자국에 유리하게 이용해 왔다. 만일 어떤 나라나 기업이 중국의 지위에 상응하는 존중심을 보이지 않는다면 가파르게 성장하고 있는 13억 시장에 발을 들여놓지 못하게 될 위협에 직면하게 된다.

3. 지금까지의 놀라운 경제성장이 언제까지나 그대로 이어질 것으로 추론하는 것은 비현실적이다. 중국의 앞길에는 대부분의 전문가들이 파악하고 있는 것보다 더 많은 장애물과 불리한 요인이 있다. 그 가운데 중요한 것이 거버넌스의 문제들이다. 즉, 법의 지배라기보다 황제의 지배에 더 가깝다는 점, 거대한 국토를 소황제들이 할거하며 큰 영향력을 행사하고 있다는 점, 상상력이나 창의성을 제약하는 순응 지향적 문화적 관습, 말할 가치가 있는 것은 이미 선현의 말씀에 다 있다고 암시하는 4천 년을 이어온 고전과 경구가 중국인의 사고에 미치는 제약, 중국어가 외국인이 중국을 충분히 받아들이고 중국 사회에 받아들여질 수준까지 배우기에는 너무나 어렵다는 점, 그리고 해외 인재 유치 및 흡수에 제약요인이 많다는

Lee Kuan Yew

점 등이다.

4. 시진핑은 과묵하다. 말수가 적다는 의미에서가 아니라 자신의 호불호를 겉으로 드러내지 않는다는 의미에서 그렇다. 누가 그에게 신경을 건드리는 말을 하든 말든 항상 친근한 미소를 띄고 있다. 시진핑은 그가 견뎌야 했던 온갖 고난을 겪어보지 않고 고위직에 오른 후진타오보다 강인하다.

5. 중국은 자유민주국가가 되지 않을 것이다. 설사 그렇게 된다 하더라도 붕괴되고 말 것이다. 나는 그렇게 확신한다. 중국 지식층 역시 그 점을 알고 있다. 중국에서 무슨 민주화 혁명 같은 것이 일어날 것으로 기대한다면 착각이다. 천안문 광장의 학생들은 지금 어디에 있는가? 그들은 중국의 미래와 무관하다.

6. 나는 덩샤오핑이 학생 20만 명을 쏴야 한다면 쏘라고 했을 때 그를 이해했다. 그렇게 단호히 대처하지 않았다면 중국은 다시 백 년간의 혼란에 빠졌을 테니까. 덩샤오핑은 그것을 알았기 때문에 중국을 단계적으로 개방해 나갔다. 그가 아니었다면 중국은 내부붕괴를 맞았을 것이다.

7. 미국이 부채와 적자로 인해 울퉁불퉁한 험로를 지나고 있긴 하지만 이류국가로 전락하는 일은 없으리라고 확신한다. 역사의 고비마다 미국은 놀라운 회복력과 재활 능력을 발휘해 왔다. 미국의 장점은, 틀에 박히지 않은 자유로운 사고와 실용주의, 새로운 발상과 기술을 이끌어내는 구심점의 다양함과 탁월함, 해외 인재 유치에 유리한 사회 풍토, 그리고 미국사회의 개방성에 비견할 만한 열린 언어로서 과학, 기술, 발명, 비즈니스, 교육, 외교의 국제어이자 전 세계 정상급 인사들의 공용어로 자리 잡은 영어 등을 들 수 있다.

8. 국민들에게 쓴 약을 처방하는 대통령은 재선되기 어렵다. 이 때문에 선거에서 승리를 거두기 위해 인기 없는 정책은 미적거리거나 보류하는 경향이 있다. 따라서 재정 적자, 부채, 높은 실업률 같은 문제는 다음 행정부로 계속 떠넘겨졌다.

9. 미국 인권 단체들에 의한 중국 압박 그리고 인권 침해나 미사일 기술 이전 등의 이유로 미국 의회와 행정부가 가하는 최혜국 대우 박탈 위협 및 기타 제재 등의 조치들은 양국 간 문화, 가치관, 역사 등의 차이를 무시하는 것이고, 중-미 관계의 전략적 고려 사항을 미국 국내 어젠다보다 더 경시하는 것이다. 이런 무계획적 접근 방식은 장차 중국을 미국의 적으로

돌려놓을 위험이 있다. 중국의 문화적 현실에 대해 너무 예민하게 대응하지 말고 좀 더 이해를 가지고 접근할 때 대립적 관계 개선에 도움이 될 것이다.

10. 미국인들은 미국이 세계 다른 지역에 집중적으로 개입해야겠다 싶으면 그럴 때마다 마치 영화처럼 아시아는 정지 상태로 멈춰 놓을 수 있다고 생각하는 것 같다. 그러나 그럴 수는 없는 노릇이다. 미국이 아시아의 전략적 발전 과정에 실질적 영향을 주길 바란다면 그런 식으로 왔다 갔다 해서는 안 된다.

11. 인도는 국가 계획과 통제에 수십 년을 허비하면서 관료주의와 부패의 늪에 빠졌다. 분권 체제였더라면 방갈로르, 뭄바이 같은 중심 도시들이 더 많이 성장하고 발전할 수 있었을 것이다. 카스트 제도는 실력주의 사회를 가로막는 적으로 남아 있다. 인도는 그 위대함이 성취되지 않은 나라이다. 그 잠재력이 아직 충분히 개발되거나 이용되지 못하고 있다.

12. 인도는 헌법 체계 및 정치 제도상의 제약으로 인해 신속한 국정운영에 나아가는 데 어려움을 겪고 있다. 정치 지도자가 무슨 일을 추진하려면 일단 중앙정부에서부터 대단히 복잡

한 시스템을 거쳐야 하며, 그 다음에도 각 주에서 더욱 복잡한 시스템을 거쳐야 한다. 인도는 헌정 체제상의 제약, 다민족 사회, 투표 패턴 그리고 이에 따라 구성되는 의사결정이 대단히 어려운 연립정부로 인해 더딘 속도로 나아갈 수밖에 없을 것이다.

13. 이슬람이 아니라 현대의 극단적 이슬람주의가 문제다. 석유만으로도 인화성이 높은데 이슬람주의까지 더하면 일촉즉발의 휘발성 배합물이 된다. 여기에 대량 살상 무기까지 더하면 가공할 위험으로 전화한다. 핵 무장 능력을 갖춘 이란은 지정학적 균형을 크게 바꿔 놓을 것이다. 이란의 핵무기 개발로 인해 중동에서 분쟁이 발생한다면 시장은 파국적인 상황을 맞을 것이다. 이란 핵 문제는 세계가 제대로 대처하지 못할 가능성이 가장 큰 문제다. 만약 이란이 핵무기를 갖게 되면 사우디아라비아는 파키스탄의 핵무기를 구매할 것이고 이집트도 어디서든 핵무기를 도입할 것이다. 이렇게 핵으로 무장한 중동에서 핵이 실제 터지는 건 단지 시간문제다.

14. 고르바초프가 모스크바 시민들에게 KGB를 두려워하지 말라고 말한 날 나는 깊은 숨을 들이쉬었다. 나는 그가 천재임에 분명하다고 말했다. 소련의 붕괴를 가까스로 막고 있는 공

포정치 기구 위에 올라타고 있는 그가 두려워하지 말라고 하다니. 민주화를 이룰 기가 막힌 방안을 갖고 있음이 틀림없다고 생각했다. 하지만 막상 만나 보니 그는 주위에서 일어나는 일에 대해 어쩔 줄을 모르고 있었다. 수영도 배우지 않고 깊은 수영장에 뛰어든 꼴이었다.

15. 러시아 인구는 점점 줄어들고 있다. 분명한 이유는 모르지만 알코올 의존도가 높은 탓도 있을 거고, 미래에 대한 비관 그리고 출산율·기대수명 감소 탓도 있을 것이다. 시베리아와 블라디보스토크에 중국인이 점점 더 늘어나고 있다. 아무르 강 유역은 다시 중국인들로 넘쳐날 것이다. 러시아인들이 갑자기 앞으로는 살 만할 거라고 마음을 고쳐먹고 애를 더 낳아서 인구가 다시 늘어나는 일이 없으리란 법은 없지만 그런 일이 가까운 미래에 있을 것 같지는 않다.

16. 160여 개 국민국가로 이루어진 세계에서 어떻게 평화와 안정 그리고 협력을 보장할 것인가에 대해 알려주는 역사적 선례는 없다. 실시간 통신과 신속한 교통수단의 시대에 이 문제는 기술 발전의 속도만큼 더 복잡해지고 있다. 상호 의존적이고 연결된 하나의 세계에서 양대 세력권을 이끌던 초강대국들의 지배력이 쇠퇴한 것은 다극화된 세계의 가능성이 높아졌

다는 말이고 그만큼 다자간 협력의 어려움도 커졌다.

17. 글로벌 통합 외의 실현 가능한 대안은 없다. 지역주의로 가장한 보호주의는 조만간 지역 연합들 간에 걸프 산유국들 같은 비동맹 지역의 이권을 놓고 다투는 분규와 전쟁을 낳을 수 있다. 공평하고, 타당하며, 세계 평화도 유지할 수 있는 유일한 해답은 글로벌리즘이다.

18. 브릭 국가들(BRICs, 브라질, 러시아, 인도, 중국)은 다 같은 대륙에 있지도 않은 서로 다른 나라들인데 단지 특별히 빠르게 성장하고 있다는 공통점 때문에 한데 묶여 불리는 것뿐이다. 중국과 인도가 꾸는 꿈은 다르다.

19. 서양인들은 제 역할을 하는 정부라면 모든 문제를 해결할 수 있어야 한다는 믿음 때문에 사회의 윤리적 기초를 방기했다. 특히 2차 대전 이후 서양에서는 정부의 역할에 대한 기대가 커지면서 종래의 사회에서는 가정에서 담당했던 의무들까지 정부가 떠맡게 되었다. 동양에서는 자조가 공적 부조에 우선하지만 오늘날의 서양에서는 그 반대다. 서양의 정치인들은 국민들에게 위임만 해 주시면 사회의 모든 문제를 해결하겠노라고 외친다.

20. 어느 사회든 신생아 천 명 중에는 일정 비율의 수재와 범재와 둔재가 있기 마련이다. 결국 미래를 결정하는 것은 수재와 평균 이상의 인재들이다. 우리는 평등한 사회를 원한다. 우리는 모두에게 평등한 기회를 주기를 원한다. 하지만 진심으로 어느 두 사람이 끈기, 추진력, 헌신성, 타고난 능력 등에서 똑같을 수 있다고 우리 자신을 기만할 수는 없는 법이다.

21. 나는 국가지도자(statesman)로 기억되길 바라지 않는다. 우선 나부터 나를 국가지도자라고 생각하지 않는다. 스스로 평가하는 나는 그저 단호하고 일관되고 끈기 있는 사람 정도다. 무슨 일을 하면 나는 성공할 때까지 매달린다. 그게 전부다. 자기가 국가지도자라고 생각하는 사람은 정신과 상담을 받아 보는 게 좋다.

Notes

CHAPTER 1

1. Lee Kuan Yew, interview with Graham Allison and Robert D. Blackwill, May 11, 2011.

2. Lee Kuan Yew, "China: An Economic Giant?" speech given at the Fortune Global Forum, Shanghai, September 29, 1999.

3. Lee Kuan Yew, interview with Arnaud de Borchgrave, United Press International, February 8, 2008.

4. Lee Kuan Yew, "China's Growing Might and the Consequences," Forbes, March 28, 2011.

5. Lee Kuan Yew, speech given at the U.S.-ASEAN Business Council's 25th Anniversary Gala Dinner,Washington, D.C., October 27, 2009.

6. Lee Kuan Yew, interview with Graham Allison and Robert D. Blackwill, May 11, 2011.

7. Edward Cody, "China Not a U.S. Rival, Beijing Official Says; Opposition Expressed to Power Politics in Asia,"Washington Post, January 18, 1997.

8. Lee Kuan Yew, "Asia and theWorld in the 21st Century," speech given at the 21st Century Forum, Beijing, September 4, 1996.

9. Han Fook Kwang, Zuraidah Ibrahim, Chua Mui Hoong, Lydia Lim, Ignatius Low, Rachel Lin, and Robin Chan, Lee Kuan Yew: Hard

Truths to Keep Singapore Going (Singapore: Straits Times, 2011), p. 331.

10. Lee Kuan Yew, speech given at the U.S.-ASEAN Business Council's 25th Anniversary Gala Dinner.

11. Deputy Secretary Steinberg's May 30, 2009, conversation with Singapore Minister Mentor Lee Kuan Yew, classified cable from Daniel L. Shields, former U.S. deputy chief of mission to the Singapore Embassy, June 4, 2009.

12. Lee Kuan Yew, "It's Stupid to Be Afraid," interview with Der Spiegel, August 8, 2005.

13. Lee Kuan Yew, "Contest for Influence in the Asia-Pacific Region," Forbes, June 18, 2007.

14. Lee Kuan Yew, interview with Michael Elliott, Zoher Abdoolcarim, and Simon Elegant, Time, December 12, 2005.

15. Lee Kuan Yew on Burma's "stupid" generals and the "gambler" Chen Shuibian, classified cable from Patricia L. Herbold, former U.S. ambassador to Singapore, October 17, 2009.

16. Lee Kuan Yew, interview with Graham Allison and Robert D. Blackwill, December 2, 2011.

17. Erik Eckholm and Joseph Kahn, "Asia Worries about Growth of China's Economic Power," New York Times, November 24, 2002.

18. Lee Kuan Yew, interview with Graham Allison and Robert D. Blackwill, May 11, 2011.

19. Ibid.

20. Lee Kuan Yew, interview with Graham Allison and Robert D. Blackwill, December 2, 2011.

21. Lee Kuan Yew, speech given at the Lincoln Award Medal Ceremony, Washington, D.C., October 18, 2011.

22. William Safire, "Danger: Chinese Tinderbox," New York Times, February 22, 1999.

23. Fareed Zakaria, "Culture Is Destiny: A Conversation with Lee Kuan Yew," Foreign Affairs, Vol. 73, No. 2 (March/April 1994), p. 123.

24. Lee Kuan Yew, interview with Charlie Rose, March 28, 2011.

25. Tom Plate, Conversations with Lee Kuan Yew: Citizen Singapore: How to Build a Nation (Singapore: Marshall Cavendish, 2010), p. 113.

26. Ibid., p. 72.

27. Lee Kuan Yew, interview with Charlie Rose, October 22, 2009.

28. Lee Kuan Yew, interview with Leonard M. Apcar, Wayne Arnold, and Seth Mydans, International Herald Tribune, August 29, 2007.

29. Lee Kuan Yew, interview with Graham Allison and Robert D. Blackwill, May 11, 2011.

30. Lee Kuan Yew, speech given at the Lincoln Award Medal Ceremony.

31. Lee Kuan Yew, interview with Graham Allison and Robert D. Blackwill, May 11, 2011.

32. Ibid.

33. Kwang et al., Lee Kuan Yew: Hard Truths to Keep Singapore Going, pp. 321– 322.

34. Ibid., p. 302.

35. Lee Kuan Yew, "China's Rise: A Shift in Global Influence," Forbes, December 20, 2010.

36. Question and answer session with Lee Kuan Yew at the International Institute for Strategic Studies, London, September 23, 2008.

37. Lee Kuan Yew, speech given at the Lincoln Award Medal Ceremony.

38. Lee Kuan Yew, speech given at the World Chinese Entrepreneurs Convention, Singapore, August 10, 1991.

39. Lee Kuan Yew, interview with the Public Broadcasting Service, May 5, 2001.

40. Lee Kuan Yew, "News from a Time Capsule," Economist, September 11, 1993.

41. Lee Kuan Yew, "The Fundamentals of Singapore's Foreign Policy: Then and Now," S. Rajaratnam Lecture, Singapore, April 9, 2009.

42. "Transcript of Senior Minister's News Conference with the Local Media in Beijing, 12 June 2001," June 15, 2001.

43. Lee Kuan Yew, interview with Tom Plate and Jeffrey Cole, AsiaMedia, October 9, 2007.

44. Lee Kuan Yew, "Asia and the World in the 21st Century."

45. Lee Kuan Yew, interview with Graham Allison and Robert D. Blackwill, March 28, 2012.

46. Simon Elegant, "China's Nelson Mandela," Time, November 19, 2007.

CHAPTER 2

1. Lee Kuan Yew, interview with Graham Allison and Robert D. Blackwill, May 11, 2011.

2. Lee Kuan Yew, speech given at the Lincoln Award Medal Ceremony, Washington, D.C., October 18, 2011.

3. Lee Kuan Yew, speech given at the U.S.-ASEAN Business Council's 25th Anniversary Gala Dinner, Washington, D.C., October 27, 2009; and Lee Kuan Yew, "TheWorld after Iraq," speech given at the Thammasat Business School International Forum, Bangkok, December 16, 2003.

4. Lee Kuan Yew, "Challenges of Small City-States in a Globalized World," speech given at the inauguration of the Investment Corporation of Dubai, Dubai, March 1, 2008; and Lee Kuan Yew, "The Fundamentals of Singapore's Foreign Policy: Then and Now," S. Rajaratnam Lecture, Singapore, April 9, 2009.

5. Lee Kuan Yew, "The World after 9/11," speech given at the Munich Economic Summit, Munich, June 7, 2002.

6. Lee Kuan Yew, speech given at the Tanjong Pagar 39th National Day Celebration Dinner, Singapore, August 20, 2004.

7. Lee Kuan Yew, interview with Tom Plate and Jeffrey Cole, AsiaMedia, October 9, 2007.

8. Lee Kuan Yew, interview with Michael Elliott, Zoher Abdoolcarim, and Simon Elegant, Time, December 12, 2005.

9. Lee Kuan Yew, speech given at the Forbes Global CEO Conference Gala Dinner, Singapore, September 19, 2001.

10. Lee Kuan Yew, "An Entrepreneurial Culture for Singapore," Ho Rih Hwa Leadership in Asia Public Lecture, Singapore, February 5, 2002.

11. Han Fook Kwang, Zuraidah Ibrahim, Chua Mui Hoong, Lydia Lim,

Ignatius Low, Rachel Lin, and Robin Chan, Lee Kuan Yew: Hard Truths to Keep Singapore Going (Singapore: Straits Times, 2011), pp. 150–151.

12. Lee Kuan Yew, interview with Peter Day, BBC, May 13, 2000.

13. Lee Kuan Yew, "Eastern and Western Cultures and Modernization," speech given at the China Scientists Forum on Humanities, Beijing, April 21, 2004.

14. Patrick Barta and Robert Thomson, "Singapore's 'Mentor' Seeks a Sturdy U.S.," Wall Street Journal, April 27, 2011; Kwan Weng Kin, "Only U.S. Can Balance China," Straits Times, May 27, 2011; and Yoichi Funabashi, "Maintaining Balance of Power in Asia Requires U.S. Engagement," Asahi Shimbun, May 15, 2010.

15. Lee Kuan Yew, "What Has the Future in Store for Your Generation?" speech given at the Nanyang Auditorium, Singapore, February 18, 2003.

16. Lee Kuan Yew, "Changes in the Wind," Forbes, October 19, 2009.

17. Lee Kuan Yew, "Peace and Progress in East Asia," speech given at a joint meeting of Congress, Washington, D.C., October 9, 1985.

18. Lee Kuan Yew, From Third World to First: The Singapore Story, 1965–2000 (New York: HarperCollins, 2000), pp. 498, 500.

19. Chuang Peck Ming, "LKY Cautions against Two-Party Political System," Business Times, September 15, 2011.

20. Barta and Thomson, "Singapore's 'Mentor' Seeks a Sturdy U.S."

21. Lee Kuan Yew, interview with Graham Allison and Robert D. Blackwill, December 2, 2011.

22. Lee Kuan Yew, "East Asia in the New Era: The Prospects of Cooperation," speech given at the Harvard Fairbank Center Conference, New York, May 11, 1992.

23. Tom Plate, Conversations with Lee Kuan Yew: Citizen Singapore: How to Build a Nation (Singapore: Marshall Cavendish, 2010), p. 91.

24. Lee Kuan Yew, "For ThirdWorld Leaders: Hope or Despair?" Collins Family International Fellowship Lecture, Cambridge, Massachusetts, October 17, 2000.

25. Lee Kuan Yew, speech given at the Philippine Business Conference, Manila, November 18, 1992.

26. Ibid.

27. Lee Kuan Yew, interview with Graham Allison and Robert D. Blackwill, December 2, 2011.

28. "The View from Singapore," Time, July 25, 1969.

29. Fareed Zakaria, "Culture Is Destiny: A Conversation with Lee Kuan Yew," Foreign Affairs, Vol. 73, No. 2 (March/April 1994), pp. 111–114.

30. Nathan Gardels, "City of the Future: What America Can Learn from Post- Liberal Singapore,"Washington Post, February 11, 1996.

31. Lee Kuan Yew, speech given at the Create 21 Asahi Forum, Tokyo, November 20, 1992.

32. "Li vs. Lee,"Wall Street Journal, August 24, 2004.

33. Lee Kuan Yew, "Exciting Times Ahead," speech given at the Tanjong Pagar GRC National Day Dinner, Singapore, August 12, 1995.

34. Kwang et al., Lee Kuan Yew: Hard Truths to Keep Singapore Going, p. 56; and Lee Kuan Yew, interview with Graham Allison and Robert D.

Blackwill, December 2, 2011.

35. Lee Kuan Yew, interview with Tom Plate and Jeffrey Cole.

36. Kwang et al., Lee Kuan Yew: Hard Truths to Keep Singapore Going, p. 434.

37. Lee Kuan Yew, letter to Singapore's media, January 18, 2012.

38. Han Fook Kwang, Warren Fernandez, and Sumiko Tan, Lee Kuan Yew: The Man and His Ideas (Singapore: Straits Times, 1998), p. 134.

39. Lee Kuan Yew, "How Much Is a Good Minister Worth?" speech given at a debate in the Singaporean parliament on ministerial salaries, Singapore, November 1, 1994.

40. Michael D. Barr, Lee Kuan Yew: The Beliefs behind the Man (Washington, D.C.: Georgetown University Press, 2000), p. 212.

41. Lee Kuan Yew, "New Bearings in Our Education System," speech given to principals of schools in Singapore, Singapore, August 29, 1966.

42. Lee Kuan Yew, speech given at a "Dinner for the Establishment," Singapore, September 25, 1984.

43. Faris Mokhtar, "Foreign Talent Allows S'pore to Punch above Its Weight," Yahoo, July 22, 2011.

44. Secretary of Labor Chao meets Singapore Lee Kuan Yew, Singapore Minister Mentor, August 29, 2008, classified cable from Patricia L. Herbold, former U.S. ambassador to Singapore, September 18, 2008.

45. Lee Kuan Yew, "Will Singapore Be Another Slow-Growing Developed Nation?" speech given at the Nanyang Technological University, Singapore, March 14, 1996.

46. Lee Kuan Yew, speech given at the Singapore American School's 50th

Anniversary Celebration, Singapore, April 11, 2006.

47. Question and answer session with Lee Kuan Yew at the APEC CEO Summit, Singapore, November 13, 2009.

48. Lee Kuan Yew, interview with Charlie Rose, October 22, 2009.

49. Lee Kuan Yew, speech given at the U.S.-ASEAN Business Council's 25th Anniversary Gala Dinner.

50. Lee Kuan Yew, interview with Charlie Rose.

51. Christopher S. Bond and Lewis M. Simons, The Next Front: Southeast Asia and the Road to Global Peace with Islam (New York: John Wiley and Sons, 2009), p. 223.

CHAPTER 3

1. Lee Kuan Yew, interview with Graham Allison and Robert D. Blackwill, December 2, 2011.

2. Lee Kuan Yew, interview with Charlie Rose, March 28, 2011.

3. Lee Kuan Yew, speech given at the U.S.-ASEAN Business Council's 25th Anniversary Gala Dinner,Washington, D.C., October 27, 2009.

4. Lee Kuan Yew, speech given at the International Institute for Strategic Studies Conference, Singapore, September 12, 1997.

5. Lee Kuan Yew, "Battle for Preeminence," Forbes, October 11, 2010; and Lee Kuan Yew, speech given at the Fortune 500 Forum, Boston, October 23, 1997.

6. Lee Kuan Yew, interview with Graham Allison and Robert D. Blackwill, December 2, 2011.

7. Lee Kuan Yew, speech given at the International Institute for Strategic

Studies Conference.

8. Lee Kuan Yew, speech given at the Asahi Shimbun Symposium, Tokyo, May 9, 1991.

9. Patrick Barta and Robert Thomson, "Singapore's 'Mentor' Seeks a Sturdy U.S.,"Wall Street Journal, April 27, 2011.

10. P. Parameswaran, "U.S. Must Engage Asia to Maintain Global Power: Lee," Agence France-Presse, October 27, 2009.

11. Lee Kuan Yew, "East Asia in the New Era: The Prospects of Cooperation," speech given at the Harvard Fairbank Center Conference, New York, May 11, 1992.

12. Lee Kuan Yew, "Japan's Role in the 21st Century," speech given at the Asahi Forum, Tokyo, November 17, 1994.

13. Lee Kuan Yew, "East Asia in the New Era: The Prospects of Cooperation."

14. Lee Kuan Yew, "America and Asia," speech given at the Architect of the New Century Award Ceremony,Washington, D.C., November 11, 1996.

15. Nathan Gardels, "The East Asian Way—with Air Conditioning," New Perspectives Quarterly, Vol. 26, No. 4 (Fall 2009), p. 116.

16. Lee Kuan Yew, speech given at the Lincoln Award Medal Ceremony, Washington, D.C., October 18, 2011.

17. Summary of a conversation between Lee Kuan Yew and John Thornton at the FutureChina Global Forum, Singapore, July 11, 2011.

18. Nicholas D. Kristof, "The Rise of China," Foreign Affairs, Vol. 72, No. 5 (November/December 1993), p. 74.

19. Lee Kuan Yew, "China's Rise: A Shift in Global Influence," Forbes, December 20, 2010.

20. Lee Kuan Yew, interview with Graham Allison and Robert D. Blackwill, December 2, 2011.

21. Lee Kuan Yew, speech given at the Amex Bank Review Awards Global Forum, Singapore, November 15, 1993.

22. Lee Kuan Yew, speech given at the Create 21 Asahi Symposium, Osaka, November 19, 1996.

23. Lee Kuan Yew, "The Rise of East Asia in the World Economy: Geopolitical and Geoeconomic Implications," speech given at the Asia Society Conference, Singapore, May 19, 1994.

24. Lee Kuan Yew, speech given at the Create 21 Asahi Symposium.

25. Lee Kuan Yew, interview with Graham Allison and Robert D. Blackwill, May 11, 2011.

26. Ibid.

27. Lee Kuan Yew, "The Rise of East Asia in theWorld Economy."

28. Lee Kuan Yew, speech given at the Create 21 Asahi Symposium.

29. Lee Kuan Yew, "America and Asia."

30. Lee Kuan Yew, "The Dawn of the Pacific Century," speech given at the Pacific Rim Forum, San Diego, California, May 13, 1992.

31. Lee Kuan Yew, "The Rise of East Asia: Challenges and Opportunities," speech given at the World Economic Forum Summit, Singapore, September 20, 1995.

32. "U.S. Holds Key to Asian Security—Lee," Reuters, May 16, 1993.

33. Question and answer session with Lee Kuan Yew at the Lee Kuan Yew School of Public Policy's 5th Anniversary Gala Dinner,

Singapore, September 2, 2009.

34. Lee Kuan Yew, "Shanghai's Role in China's Renaissance," speech given at the 2005 Shanghai Forum, Shanghai, May 17, 2005.

35. Lee Kuan Yew, interview with Graham Allison and Robert D. Blackwill, May 11, 2011.

CHAPTER 4

1. Lee Kuan Yew, From Third World to First: The Singapore Story, 1965–2000 (New York: HarperCollins, 2000), p. 405.

2. Ibid., p. 412.

3. Lee Kuan Yew, speech given at the launch of Narayana Murthy's A Better India: A BetterWorld, Singapore, May 11, 2009.

4. Sunanda K. Datta-Ray, Looking East to Look West: Lee Kuan Yew's Mission India (Singapore: ISEAS, 2009), p. 153.

5. Lee Kuan Yew, "Managing Globalization: Lessons from India and China," speech given at the official opening of the Lee Kuan Yew School of Public Policy, Singapore, April 4, 2005.

6. Lee Kuan Yew, speech given at the launch of Narayana Murthy's A Better India: A BetterWorld.

7. Lee Kuan Yew, interview with Graham Allison and Robert D. Blackwill, December 2, 2011.

8. Han Fook Kwang, Zuraidah Ibrahim, Chua Mui Hoong, Lydia Lim, Ignatius Low, Rachel Lin, and Robin Chan, Lee Kuan Yew: Hard Truths to Keep Singapore Going (Singapore: Straits Times, 2011), p. 50.

9. Tom Plate, Conversations with Lee Kuan Yew: Citizen Singapore: How to Build a Nation (Singapore: Marshall Cavendish, 2010), p. 102.

10. Elgin Toh, "Mr. Lee Optimistic over China's Development; He Predicts Next Leader Will Seek to Take Country to Higher Level," Straits Times, July 12, 2011.

11. Lee Kuan Yew, "India in an Asian Renaissance," 37th Jawaharlal Nehru Lecture, New Delhi, November 21, 2005.

12. Lee Kuan Yew, "Managing Globalization."

13. Lee Kuan Yew, "India in an Asian Renaissance."

14. Lee Kuan Yew, "Managing Globalization."

15. Rasheeda Bhagat, "Lee's Recipe for India," Hindu Business Line, October 14, 2008.

16. Datta-Ray, Looking East to LookWest, pp. 223–224.

17. Ibid., p. 279.

18. Ravi Velloor, "India's Economy on a Roll, but Mind the Humps," Straits Times, November 10, 2007.

19. Lee Kuan Yew, "Managing Globalization."

20. Ravi Velloor, "India Will Play Independent Role: MM Lee," Straits Times, November 5, 2007.

21. "India, China Unlikely to Resolve Border Dispute: Lee Kuan Yew," Press Trust of India, December 16, 2009.

22. Lee Kuan Yew, "India in an Asian Renaissance."

23. Ibid.

24. Lee Kuan Yew, "Managing Globalization."

25. "Lee Kuan Yew Suggests Strategy for India to Grow beyond Current Rate of Growth," Xinhua, December 17, 2009.

26. Datta-Ray, Looking East to LookWest, pp. 298–299.

27. Lee Kuan Yew, "India in an Asian Renaissance."

28. Lee Kuan Yew, interview with the Public Broadcasting Service, May 5, 2001.

29. Lee Kuan Yew, "A Tryst with Destiny," speech given at a joint meeting of the Associated Chambers of Commerce and Industry of India, the Federation of Indian Chambers of Commerce and Industry, and the Federation of Indian Industries, New Delhi, January 5, 1996.

30. Ibid.

31. Kwang et al., Lee Kuan Yew, pp. 284–285.

32. Lee Kuan Yew, "Managing Globalization."

33. Kwang et al., Lee Kuan Yew, p. 318.

34. Ibid.

35. Lee Kuan Yew, interview with Leonard M. Apcar, Wayne Arnold, and Seth Mydans, International Herald Tribune, August 29, 2007.

36. Lee Kuan Yew, "India's Peaceful Rise," Forbes, December 24, 2007.

37. P. S. Suryanarayana, "China, India Not Basically Adversaries: Lee Kuan Yew," Hindu, July 24, 2011.

38. Lee Kuan Yew, interview with Charlie Rose, March 28, 2011.

39. Question and answer session with Lee Kuan Yew at the International Institute for Strategic Studies, London, September 23, 2008.

40. Lee Kuan Yew, interview with Graham Allison and Robert D.

Blackwill.

41. Lee Kuan Yew, "A Tryst with Destiny."

42. Lee Kuan Yew, "India in an Asian Renaissance."

43. Lee Kuan Yew, "Managing Globalization."

44. Lee Kuan Yew, "India in an Asian Renaissance."

45. Datta-Ray, Looking East to LookWest, p. 7.

46. Kripa Sridharan, "The Evolution and Growth of India-Singapore Relations," in Yong Mun Cheong and V. V. Bhanoji Rao, eds., Singapore-India Relations: A Primer (Singapore: Singapore University Press, 1995), p. 23.

47. Datta-Ray, Looking East to LookWest, p. 81.

48. Plate, Conversations with Lee Kuan Yew, pp. 105–106.

49. Lee Kuan Yew, interview with Graham Allison and Robert D. Blackwill.

50. Kwang et al., Lee Kuan Yew, p. 315.

51. Lee Kuan Yew, interview with Graham Allison and Robert D. Blackwill.

52. Velloor, "IndiaWill Play Independent Role."

CHAPTER 5

1. Lee Kuan Yew, "Uncertainties Abound," speech given at the Tanjong Pagar 37th National Day Celebration Dinner, Singapore, August 16, 2002.

2. Han Fook Kwang, Zuraidah Ibrahim, Chua Mui Hoong, Lydia Lim,

Ignatius Low, Rachel Lin, and Robin Chan, Lee Kuan Yew: Hard Truths to Keep Singapore Going (Singapore: Straits Times, 2011), p. 239.

3. Fareed Zakaria, "We Need to Get the Queen Bees," Newsweek, December 1, 2003.

4. Lee Kuan Yew, "Homegrown Islamic Terrorists," Forbes, October 17, 2005.

5. Lee Kuan Yew, "Oil and Islamism," Forbes, March 13, 2006 (emphasis in original).

6. Senator Baucus's meeting with Lee Kuan Yew, classified cable from Patricia L. Herbold, former U.S. ambassador to Singapore, January 17, 2006.

7. Lee Kuan Yew, "The East Asian Strategic Balance after 9/11," speech given at the 1st International Institute for Strategic Studies Asia Security Conference, Singapore, May 31, 2002.

8. Lee Kuan Yew, "After Iraq," speech given at the 2nd International Institute for Strategic Studies Asia Security Conference, Singapore, May 30, 2003.

9. Lee Kuan Yew, "The East Asian Strategic Balance after 9/11."

10. Lee Kuan Yew, "WhatWentWrong?" interview with Michael Vatikiotis, Far Eastern Economic Review, December 2002.

11. Lee Kuan Yew, interview with Charlie Rose, September 24, 2004.

12. Christopher S. Bond and Lewis M. Simons, The Next Front: Southeast Asia and the Road to Global Peace with Islam (New York: John Wiley and Sons, 2009), p. 223.

13. Tom Plate, Conversations with Lee Kuan Yew: Citizen Singapore: How to Build a Nation (Singapore: Marshall Cavendish, 2010), pp. 117–118.

14. Kwang et al., Lee Kuan Yew, pp. 228, 230.

15. Lee Kuan Yew, "Oil and Islamism."

16. Lee Kuan Yew, interview with Charlie Rose.

17. Lee Kuan Yew, "Terrorism," Forbes, December 26, 2005.

18. Lee Kuan Yew, speech given at the Singaporean parliament on the proposal to develop integrated resorts, Singapore, April 19, 2005.

19. Lee Kuan Yew, interview with Arnaud de Borchgrave, United Press International, February 8, 2008.

20. Lee Kuan Yew, "WhatWentWrong?"

21. Lee Kuan Yew, speech given at the Tanjong Pagar 40th National Day Celebration Dinner, Singapore, August 12, 2005.

22. Lee Kuan Yew, interview with Graham Allison and Robert D. Blackwill, December 2, 2011.

23. Plate, Conversations with Lee Kuan Yew, p. 120.

24. Lee Kuan Yew, "The Cost of Retreat in Iraq," Washington Post, March 8, 2008.

25. Lee Kuan Yew, "The United States, Iraq, and the War on Terror: A Singa-porean Perspective," Foreign Affairs, Vol. 86, No. 1 (January/February 2007), p. 3.

26. Lee Kuan Yew, "Islam and Democracy in Southeast Asia," Forbes, July 26, 2004.

27. Zakaria, "We Need to Get the Queen Bees."

28. Lee Kuan Yew, "CanWe Ever Understand Muslim Terrorists?" Forbes, October 13, 2003.

29. Press statement by Yeong Yoon Ying on behalf of Lee Kuan Yew, September 5, 2011.

30. Lee Kuan Yew, "What Has the Future in Store for Your Generation?" speech given at the Nanyang Auditorium, Singapore, February 18, 2003.

31. Lee Kuan Yew, "TheWorld after Iraq," speech given at the Thammasat Business School International Forum, Bangkok, December 16, 2003.

32. "Lee Kuan Yew Gives Warning to Islamic Moderates," Agence France- Presse, March 28, 2004.

33. Lee Kuan Yew, "The East Asian Strategic Balance after 9/11."

34. Lee Kuan Yew, "Homegrown Islamic Terrorists," Forbes, October 17, 2005.

35. Lee, "The United States, Iraq, and theWar on Terror," pp. 3–4.

36. Lee Kuan Yew, interview with Michael Elliott, Zoher Abdoolcarim, and Simon Elegant, Time, December 12, 2005.

37. Lee Kuan Yew, "The East Asian Strategic Balance after 9/11."

38. "Islamic Terrorism to Remain: Lee Kuan Yew," People's Daily, October 14, 2004.

39. Visit by Senator Clinton to Singapore (July 5–7), classified cable from Frank L. Lavin, former U.S. ambassador to Singapore, July 6, 2005.

40. Zakaria, "We Need to Get the Queen Bees."

41. Lee Kuan Yew, interview with Arnaud de Borchgrave.

CHAPTER 6

1. Han Fook Kwang, Zuraidah Ibrahim, Chua Mui Hoong, Lydia Lim, Ignatius Low, Rachel Lin, and Robin Chan, Lee Kuan Yew: Hard Truths to Keep Singapore Going (Singapore: Straits Times, 2011), p. 292.

2. Ibid., pp. 156–157.

3. Fareed Zakaria, "Culture Is Destiny: A Conversation with Lee Kuan Yew," Foreign Affairs, Vol. 73, No. 2 (March/April 1994), p. 120 (emphasis in the original).

4. Lee Kuan Yew, "For ThirdWorld Leaders: Hope or Despair?" Collins Family International Fellowship Lecture, Cambridge, Massachusetts, October 17, 2000.

5. Lee Kuan Yew, speech given at the National Day rally at the Singapore Conference Hall, Singapore, August 18, 1985.

6. Lee Kuan Yew, "Laissez-Faire Procreation," Foreign Policy, August 30, 2005.

7. Lee Kuan Yew, "Global Realignment: An Interpretation of Asia's New Dynamism," speech given at the Global Strategies Conference, Singapore, June 6, 1990.

8. Lee Kuan Yew, "Attributes for Success," speech given at the 1999 Enterprise 50 Gala Dinner and Award Ceremony, Singapore, November 25, 1999.

9. Lee Kuan Yew, "Eastern and Western Cultures and Modernization," speech given at the China Scientists Forum on Humanities, Beijing, April 21, 2004.

10. Lee Kuan Yew, speech given at the Singapore International Chamber of Commerce Celebration Dinner, Singapore, November 15, 2000.

11. Lee Kuan Yew, speech given at the Millennium Law Conference Gala Dinner, Singapore, April 11, 2000.

12. Lee Kuan Yew, speech given at the Singapore TechVenture 2000 Conference, San Francisco, California, March 9, 2000.

13. Lee Kuan Yew, "Asia, America, and Europe in the Next Millennium: Towards Economic Complementarity and Convergence," speech given at the ABN-AMRO Symposium, Amsterdam, June 6, 1997 (emphasis in the original).

14. Lee Kuan Yew, "Uncertainties Abound," speech given at the Tanjong Pagar 37th National Day Celebration Dinner, Singapore, August 16, 2002.

15. Lee Kuan Yew, speech given at the Tanjong Pagar 34th National Day Celebration, Singapore, August 14, 1999.

16. Lee Kuan Yew, May Day message, May 1, 1984.

17. Kwang et al., Lee Kuan Yew, pp. 173–174.

18. Lee Kuan Yew, "Managing Globalization: Lessons from China and India," speech given at the official opening of the Lee Kuan Yew School of Public Policy, Singapore, April 4, 2005.

19. Lee Kuan Yew, "Singapore: A 21st-Century Economy," speech given at the Barcelona Chamber of Commerce, Industry, and Shipping, Barcelona, September 14, 2005.

20. Kevin Hamlin, "Remaking Singapore," Institutional Investor, May 2002.

21. Lee Kuan Yew, "Productivity: Time for Action," speech given at the inauguration of Productivity Month 1983 at the Singapore Conference Hall, Singapore, November 1, 1983.

22. Zakaria, "Culture Is Destiny," pp. 114–115.

23. Lee Kuan Yew, speech given at the Chinese New Year Reception, Singapore, February 15, 1984.

24. Lee Kuan Yew, "Productivity: Every Individual Makes the Difference," speech given at the inauguration of the 1999 Productivity Campaign, Singapore, April 9, 1999.

25. Lee Kuan Yew, speech given at the launch of the English Language Institute of Singapore, Singapore, September 6, 2011.

CHAPTER 7

1. Lee Kuan Yew, interview with Graham Allison and Robert D. Blackwill, March 28, 2012.

2. Ibid.

3. Lee Kuan Yew, interview with Charlie Rose, October 22, 2009.

4. Lee Kuan Yew, interview with Graham Allison and Robert D. Blackwill.

5. Ibid.

6. Lee Kuan Yew, speech given at the U.S.-ASEAN Business Council's 25th Anniversary Gala Dinner,Washington, D.C., October 27, 2009.

7. Lee Kuan Yew, "The Fundamentals of Singapore's Foreign Policy: Then and Now," S. Rajaratnam Lecture, Singapore, April 9, 2009.

8. Question and answer session with Lee Kuan Yew at the Lee Kuan Yew School of Public Policy's 5th Anniversary Gala Dinner, Singapore, September 2, 2009.

9. Question and answer session with Lee Kuan Yew at the APEC CEO Summit, Singapore, November 13, 2009.

10. Lee Kuan Yew, "2009 Will Test the Character of Singaporeans," speech given at the Tanjong Pagar Chinese New Year Dinner, Singapore, February 6, 2009.

11. Lee Kuan Yew, "Changes in the Wind," Forbes, October 19, 2009.

12. Lee Kuan Yew, "The World Is Truly a Global Village," Forbes, March 26, 2012.

13. Lee Kuan Yew, "How Will Singapore Compete in a Global Economy?" speech given at Nanyang Technological University, Singapore, February 15, 2000.

14. Lee Kuan Yew, "The Role of Singapore in the Asian Boom," speech given at the International Graduate School of Management, Barcelona, September 13, 2005.

15. Lee Kuan Yew, "More Globalized, More Troubled," Forbes, October 15, 2007.

16. Lee Kuan Yew, "What Has the Future in Store for Your Generation?" speech given at the Nanyang Auditorium, Singapore, February 18, 2003.

17. Lee Kuan Yew, speech given at the Tanjong Pagar 42nd National Day Celebration Dinner, Singapore, August 17, 2007.

18. Lee Kuan Yew, speech given at the Commemoration Conference

of Confucius's 2,550th Birthday and the 2nd Congress of the International Confucius Association, Beijing, October 7, 1999.

19. Lee Kuan Yew, speech given at the 21st Century Forum on "Economic Globalization—China and Asia," Beijing, June 14, 2000.

20. Lee Kuan Yew, speech given at a meeting of the Commonwealth Heads of Government on "World Political Scene: Global Trends and Prospects," Vancouver, October 13, 1987.

21. Lee Kuan Yew, speech given at the Forbes Global CEO Conference Gala Dinner, Singapore, September 19, 2001.

22. Lee Kuan Yew, speech given at the National Trade Union Congress 40th Anniversary Dinner, Singapore, September 6, 2001.

23. Lee Kuan Yew, "HowWill Singapore Compete in a Global Economy?"

24. Lee Kuan Yew, speech given at the Japanese Chamber of Commerce and Industry in Singapore's 30th Anniversary Celebration, Singapore, January 28, 2000.

25. Lee Kuan Yew, "To Roll with Change but Not Abandon Values," Straits Times, July 22, 2000.

26. Lee Kuan Yew, speech given at the Asian Strategy and Leadership Institute's "World Ethics and Integrity Forum," Kuala Lumpur, April 28, 2005.

27. Lee Kuan Yew, "The Fundamentals of Singapore's Foreign Policy: Then and Now."

28. Lee Kuan Yew, interview with Leonard M. Apcar, Wayne Arnold, and Seth Mydans, International Herald Tribune, August 29, 2007.

29. Lee Kuan Yew, "Economic Order or Disorder after the Cold War?" speech given at the Asahi Forum, Tokyo, October 29, 1993.

CHAPTER 8

1. Lee Kuan Yew, speech given at Tanjong Pagar Community Center's National Day Celebration Dinner, Singapore, August 16, 1984.

2. Radio broadcast of a Lee Kuan Yew speech given on June 5, 1959.

3. Lee Kuan Yew, speech given to Singaporean assemblymen and civil servants, Singapore, November 16, 1959.

4. Lee Kuan Yew, May Day message, May 1, 1962.

5. Radio broadcast of a Lee Kuan Yew speech given on June 2, 1960.

6. Lee Kuan Yew, speech given at the National Recreation Center, Singapore, April 25, 1960.

7. Fareed Zakaria, "Culture Is Destiny: A Conversation with Lee Kuan Yew," Foreign Affairs, Vol. 73, No. 2 (March/April 1994), pp. 112–114.

8. Lee Kuan Yew, speech given at Tanjong Pagar's 33rd National Day Celebration, Singapore, August 15, 1998.

9. Tom Plate, Conversations with Lee Kuan Yew: Citizen Singapore: How to Build a Nation (Singapore: Marshall Cavendish, 2010), p. 86.

10. Lee Kuan Yew, "Political Leadership in New Societies," speech given at the Singapore Chamber of Commerce, Hong Kong, December 8, 2000.

11. Lee Kuan Yew, speech given at the opening of the second meeting

of the Malaysia Solidarity Consultative Committee, Singapore, December 18, 1961.

12. Lee Kuan Yew, speech given at a conference of the People's Action Party, Singapore, November 15, 1982.

13. Lee Kuan Yew, speech given at a "dinner for the Establishment," Singapore, September 25, 1984.

14. Lee Kuan Yew, speech given at the Malaysia Solidarity Day mass rally, Singapore, August 31, 1963.

15. Lee Kuan Yew, speech given at the May Day rally, Singapore, May 1, 1961.

16. Lee Kuan Yew, speech given to the guild of Nanyang University graduates, Singapore, November 6, 1960.

17. Lee Kuan Yew, From Third World to First: The Singapore Story, 1965–2000 (New York: HarperCollins, 2000), p. 688.

18. Plate, Conversations with Lee Kuan Yew, p. 31.

19. Radio broadcast of a press conference with Lee Kuan Yew, November 19, 1961.

20. Lee Kuan Yew, speech given at a luncheon of the Australian parliament, Canberra, October 20, 1976.

21. Question and answer session with Lee Kuan Yew at the Royal Institute for International Affairs, London, May 14, 1962.

22. Han Fook Kwang, Warren Fernandez, and Sumiko Tan, Lee Kuan Yew: The Man and His Ideas (Singapore: Straits Times, 1998), p. 127.

23. Ibid., p. 229.

24. Lee Kuan Yew, speech given at the opening of the Civil Service

Center, Singapore, August 15, 1959.

25. Lee Kuan Yew, speech given at a seminar on "The Concept of Democracy" at the Political Study Center, Singapore, August 16, 1964.

26. Lee Kuan Yew, speech given at an election rally at City Council, Singapore, December 20, 1957.

27. Lee Kuan Yew, speech given at a rally in Klang, Singapore, April 14, 1964.

28. Lee Kuan Yew, speech given at a dinner of the University of Malaya Student Union, Singapore, November 30, 1961.

29. Lee Kuan Yew, speech given at the swearing-in of the Singaporean Cabinet, Singapore, January 2, 1985.

30. Lee Kuan Yew, speech given on the Preservation of Public Security Ordinance, Singapore, October 8, 1958.

31. Lee Kuan Yew, speech given at a rally in Fullerton Square, Singapore, December 19, 1984.

32. Lee Kuan Yew, speech given at the University of Malaya, Kuala Lumpur, August 28, 1964.

33. Lee Kuan Yew, speech given on the eve of elections in Singapore, April 24, 1964.

34. Zakaria, "Culture Is Destiny," p. 119.

35. Lee Kuan Yew, speech given to Singaporean civil servants at the Political Center, Singapore, June 14, 1962.

36. Richard Lambert, Peter Montagnon, and Will Dawkins, "Veteran Asian Leader Scorns U.S. Policy," Financial Times, May 19, 1999.

37. Lee Kuan Yew, speech given to the University of Singapore Law Society Annual Dinner, Singapore, January 18, 1962.

38. Lee Kuan Yew, speech given on the Preservation of Public Security Ordinance, Singapore, October 8, 1958.

39. Lee Kuan Yew, speech given at the Tanjong Pagar National Day Dinner, Singapore, August 13, 1987.

40. Lee Kuan Yew, speech given at the People's Action Party's 45th Anniversary Celebrations, Singapore, November 21, 1999.

41. Lee, From ThirdWorld to First, p. 106.

42. Lee Kuan Yew, speech given at Tanjong Pagar National Day Celebration, Singapore, August 15, 2010.

CHAPTER 9

1. Han Fook Kwang, Warren Fernandez, and Sumiko Tan, Lee Kuan Yew: The Man and His Ideas (Singapore: Straits Times, 1998), p. 194.

2. Lee Kuan Yew, New Year's message, January 1, 1958.

3. Sunanda K. Datta-Ray, Looking East to Look West: Lee Kuan Yew's Mission India (Singapore: ISEAS, 2009), p. 177.

4. Lee Kuan Yew, interview with Mark Jacobson, July 6, 2009.

5. Lee Kuan Yew, speech given at the Create 21 Asahi Forum, Tokyo, November 20, 1992.

6. Lee Kuan Yew, "Big and Small Fishes in Asian Waters," speech given at a meeting of the University of Singapore Democratic Socialist Club, Singapore, June 15, 1966.

7. Lee Kuan Yew, speech given at the Tanjong Pagar 41st National Day Celebration Dinner, Singapore, August 18, 2006.

8. Kwang et al., Lee Kuan Yew: The Man and His Ideas, p. 175.

9. Lee Kuan Yew, speech given at the University of Singapore Business Administration Society's Inaugural Dinner, Singapore, August 27, 1996.

10. Kwang et al., Lee Kuan Yew: The Man and His Ideas, p. 159.

11. Lee Kuan Yew, "U.S.: Opportunities in Asia; Challenges in the Middle East," speech given at Southern Methodist University, Dallas, October 19, 2006.

12. Kwang et al., Lee Kuan Yew: The Man and His Ideas, p. 130.

13. Tom Plate, Conversations with Lee Kuan Yew: Citizen Singapore: How to Build a Nation (Singapore: Marshall Cavendish, 2010), p. 177.

14. Kwang et al., Lee Kuan Yew: The Man and His Ideas, pp. 230, 233.

15. Ibid., p. 245.

16. Plate, Conversations with Lee Kuan Yew, pp. 49–50.

17. Kwang et al., Lee Kuan Yew: The Man and His Ideas, p. 22.

18. Lee Kuan Yew, speech given on the second reading of "The Constitution of the Republic of Singapore (Amendment) Bill" before the Singaporean parliament, Singapore, July 24, 1984.

19. Lee Kuan Yew, speech given at his 60th birthday dinner, Singapore, September 16, 1983.

20. Radio broadcast of a Lee Kuan Yew speech given on September 4, 1962.

21. Lee Kuan Yew, speech given at the Socialist International Congress,

Brussels, September 5, 1964.

22. Lee Kuan Yew, speech given at the launching of the S. H. B. Tug "Tegoh" by H. E. the Yang Di-Pertuan Negara, Singapore, February 27, 1960.

23. Plate, Conversations with Lee Kuan Yew, pp. 46–47.

24. Kwang et al., Lee Kuan Yew: The Man and His Ideas, p. 109.

25. Ibid., p. 151.

26. Lee Kuan Yew, discussion with five foreign correspondents, recorded at Singapore Broadcasting Corporation, Singapore, October 9, 1984.

27. Lee Kuan Yew, interview with Graham Allison and Robert D. Blackwill, December 2, 2011.

28. Lee Kuan Yew, "History Is Not Made theWay It IsWritten," speech given at the People's Action Party's 25th Anniversary Rally, Singapore, January 20, 1980.

29. Lee Kuan Yew, speech given at the Ceremony of Admission to the Degree of Doctor of Laws at Melbourne University, Melbourne, April 21, 1994.

30. Lee Kuan Yew, speech given to Singaporean ministers, ministers of state, and senior civil service officers, Singapore, February 27, 1979.

31. Lee Kuan Yew, "'The Returned Student': Platitudes and Controversy," speech given at the Malayan Forum, London, January 28, 1950.

32. Radio broadcast of a Lee Kuan Yew speech given September 15, 1961.

33. Lee Kuan Yew, speech given at the launch of the Devan Nair Research and Training Endowment Fund, Singapore, September 24, 1966.

34. Lee Kuan Yew, speech given to Singaporean civil servants, Singapore, June 14, 1962.

35. Michael D. Barr, Lee Kuan Yew: The Beliefs behind the Man (Washington, D.C.: Georgetown University Press, 2000), p. 77.

36. Lee Kuan Yew, speech given at a rally in Klang, Singapore, April 16, 1964.

37. Lee Kuan Yew, speech given at the Imperial College Commemoration Eve Dinner, London, October 22, 2002.

38. Lee Kuan Yew, speech given at a dinner of the Foreign Correspondents Association, Tokyo, March 21, 1967.

39. Lee Kuan Yew, speech given at the annual dinner of the Singapore Employers' Federation, Singapore, May 10, 1968.

40. Speech by Minister Mentor Lee Kuan Yew at the Tanjong Pagar Chinese New Year Dinner, Singapore, February 10, 2006.

41. Lee Kuan Yew, "Asia, America, and Europe in the Next Millennium Towards Economic Complementarity and Convergence," speech given at the ABNAMRO Symposium, June 6, 1997.

42. Lee Kuan Yew, speech given at the International Institute for Strategic Studies Conference, Singapore, September 12, 1997.

43. Plate, Conversations with Lee Kuan Yew, pp. 110–111.

44. Lee Kuan Yew, "Singapore-U.K. Relations: Bringing Forward an Old Friendship," speech given at the British Chamber of Commerce's 50th Anniversary Dinner, Singapore, January 8, 2004.

45. Lee Kuan Yew, "An Entrepreneurial Culture for Singapore," Ho Rih Hwa Leadership in Asia Public Lecture, Singapore, February 5, 2002.

46. Lee Kuan Yew, "For ThirdWorld Leaders: Hope or Despair?" Collins Family International Fellowship Lecture, Cambridge, Massachusetts, October 17, 2000.

47. Summary of a conversation between Lee Kuan Yew and John Thornton at the FutureChina Global Forum, Singapore, July 11, 2011.

48. Harvard University Leadership Roundtable with Lee Kuan Yew, "Personal Reflections on Leadership," Cambridge, Massachusetts, October 18, 2000.

49. Kwang et al., Lee Kuan Yew: The Man and His Ideas, p. 103.

50. Lee Kuan Yew, speech given at a meeting of the Consultation Youth and Leadership Training, Singapore, April 10, 1967.

51. Lee Kuan Yew, interview with Graham Allison and Robert D. Blackwill, March 28, 2012.

52. Han Fook Kwang, Zuraidah Ibrahim, Chua Mui Hoong, Lydia Lim, Ignatius Low, Rachel Lin, and Robin Chan, Lee Kuan Yew: Hard Truths to Keep Singapore Going (Singapore: Straits Times, 2011), pp. 389–390.

53. Lee Kuan Yew, eulogy at the state funeral service for Goh Keng Swee, Singapore, May 23, 2010.

54. Kwang et al., Lee Kuan Yew: Hard Truths to Keep Singapore Going, p. 390.

55. Lee Kuan Yew, interview with Mark Jacobson, July 6, 2009.

56. Seth Mydans, "Days of Reflection for the Man Who Defined Singapore," New York Times, September 11, 2010.

빗자루 든 36세 총리…
가난한 漁村을 强小國으로 키워

고향 짓밟는 日本軍 보며 '생존이 우선' 신념 굳혀

英 유학 후 변호사로 활약, 31세에 정치인으로 첫걸음

반발 불구 英語를 공용어로 민족 갈등 풀고 세계화 추구

세계적으로 낮은 법인세율, 양도세·상속세는 아예 없어…

1만여 다국적 기업 끌어들여

리콴유의 '싱가포르 신화'

1965년 8월 9일, 말레이연방에서 축출되다시피 독립한 싱가포르의 앞날은 암담했다. 정정이 불안하고 가난한 섬은 곧 주변국에 흡수될 거라는 관측이 대세였다. 그러나 반세기 뒤 그 자리에 들어선 것은 1인당 국민소득 5만달러가 넘는 아시아 최고의 부국이자 세계적인 물류·금융·비즈니스 중심지다.

◇ 빛처럼 영리했던 젊은 시절

리콴유는 영국 식민 시절인 1923년 9월 16일 부유한 중국 이민자 집안에서 태어났다. 혁명가 쑨원·중국 지도자 덩샤오핑 등과 같은 객가인(客家人·중국 북부에서 남부·동남아로 이주한 한족) 출신이다. 빛(光)과 영리함(耀)이라는 의미가 깃든 이름을 얻은 소년은 명문 래플스 대학에 수석 입학했다.

이후 리콴유의 삶은 대학 시절 요동친다. 대공황 여파로 집안이 몰락하는 걸 지켜봤고, 학교에선 다른 인종 출신들과 물과 기름처럼 지내며 사회 부조리에 고민했다. 훗날 인생의 동반자로 해로한 두 살 연상의 아내 콰걱추(1920~2010)와 만난 곳도 래플스대였다.

◇ **식민지 시대에 배운 실용주의**

1941년 12월 들이닥친 일본군에 동족 수천명이 살상당하자 리콴유는 '생존이 우선'이라는 신념을 굳혔다. 통치 이념이자 신념인 '실용주의'의 싹이 튼 것이다. 그는 고향을 짓밟은 일본군에 대해 진절머리를 내면서도 '먹고살아야 한다'며 마음을 다잡고 1942년 일본어 강좌를 수강한다.

일본군 정보부에 취직해 연합군의 모스부호 해독 임무를 맡아 연일 들어오는 추축국 패전 소식에 새 세상이 멀지 않음을 직감했다. 그러나 1945년 8월 일본이 패퇴한 뒤에도 혼란이 가시지 않자 심란한 마음으로 영국으로 유학을 떠났다.

런던 정경대·케임브리지대에서 학과 수석을 놓치지 않았던 1950년 귀국해 노동 전문 변호사로 활동하며 '차세대 정치인'으로 부각됐고, 1954년 실용주의 정당 '인민행동당'의 창립을 이끌며 사무총장에 올랐다. 5년 뒤 1959년 총선에서 인민행동당은 51석 중 43석을 휩쓸며 압승했고, 서른여섯 살 리콴유는 싱가포르 첫 총리가 됐다.

◇ 식민지 언어를 공용어로

1959년 영국에서 독립한 싱가포르의 상황은 위태위태했다. 국민투표를 통해 1963년 말레이연방 가입을 결정했으나 공업화 추구 노선이 말레이연방의 다른 구성원들과 충돌하며 2년 만에 쫓겨나듯 탈퇴했다.

리콴유가 당장 풀 문제는 중국계·말레이계·인도계 등으로 엉킨 민족 갈등이었다. 이를 풀 실마리는 '강력한 공용어'라고 보고, 그는 어느 민족의 모국어도 아닌 '식민지 언어' 영어에 '제1 공용어' 지위를 부여한다. 인구의 75% 이상을 차지하는 중국계의 반발에도 "세계와 연결되지 않으면 과거의 어촌으로 돌아갈 것"이라며 국민을 설득했다.

하지만 '유교적 권위주의'만큼은 국가 운영 이념으로 극대화시켰다. 혹독한 법치와 반부패 제도를 확립해 거리에서 껌만 뱉어도 심하면 태형(笞刑)을 받을 수 있는 나라, 마약은 0.5g 이상 가져도 사형당할 수 있는 나라로 바꿨다. 부패행위조사국(CPIB)으로 공직자를 밀착 감시했고, 1995년 가족이 사들인 주택 가격이 올라 논란이 일자 자신도 조사를 받았다.

리콴유는 강경 반공주의자로 알려졌지만 시대 흐름에 따라 온건 사회주의를 신봉하고, 좌파와 연정을 꾸렸으며, 급진 공산주의에 맞서며 국익을 좇았다는 점에서 실용주의자로 부르는 게 타당하다. 독재 비판에 대해 "국민의 사랑을 받을지, 두려움의 대상이 될지에 대해 나는 늘 후자(後者), 마키아벨리 생각이 옳다고 믿는다", "언론 자유보다 우선한 것은 국가 단합"이라는 소신을 밝혔다. "당이 정부이고 정부는 싱가포르" "내가 이렇게 하지 않았다면 우리는 여기까지 오지 못했을 것" 등의 생전 발언은 국가 중심 노선에 대한 그의 확신을 보여준다. 하지만 1988년 내정간섭을 문제삼아 미국 외교관을 추방하는 등 비판을 용납 않는 통치 방식 때문에 '정치 후진국' 비판도 끊이지 않는다.

◇정치는 권위주의, 경제엔 자유

하지만 리콴유는 산업 분야에선 완벽한 자유를 부여했다. 해상 물류의 요충지라는 지정학적 이점을 극대화시켜 외국에 문호를 활짝 열었다. 다국적기업의 사업자 민원 처리 속도를 세계 최고 수준으로 끌어올렸다. 세계 기업을 빨아들이기 위해 낮은 법인세율(17%)을 정착시켰고 양도소득세, 상속세는 아예 없다. 이런 개방적인 경제정책 덕에 1만여 외국 기업과 세계 유수 은행 200여 곳이 둥지를 틀었다.

"내가 두려워하는 것이 현실 안주"라며 국민을 독려해온 그는 31년 통치를 마감하고 1990년 퇴임한 뒤에도 국민의 정신적 지주 역할을 했다. 그는 훗날 자서전에서 "정부 운영은 오케스트라 지휘와 같다. 유능한 팀 없이 아무것도 이룰 수 없다"며 '악기'가 되어준 각료와 국민에게 고마움을 표했다. 그러나 63년을 함께 산 반려자 콰걱추 여사와 2010년 사별한 뒤 눈에 띄게 수척해졌다. 혼수상태의 부인 옆을 떠나지 않고 극진히 병간호를 해온 만큼 사별의 충격은 컸고, 5년 뒤 천상에서 재회하게 됐다.

[조선일보 2015.03.24 곽수근·정지섭 기자]

리콴유 전 총리 연보

	1923년 9월 16일 : 싱가포르에서 출생
1949년	케임브리지대 법학과 입학
1950년	영국에서 변호사 시험에 합격. 싱가포르로 귀국해 변호사로 개업
1954년	인민행동당(PAP)을 창당하고 사무총장에 오름
1955년	처음으로 국회의원으로 당선
1959년	PAP가 총선에서 51석 중 43석을 석권. 36세 나이로 영국 식민지하 싱가포르 자치정부 총리로 취임
1963년	말레이시아연방에 싱가포르 병합
1965년	말레이시아연방에서 분리. 독립 싱가포르의 총리로 취임
1990년	총리직에서 물러남. 부총리였던 고촉통이 총리에 취임
1990~2004년	선임장관으로 내각에 자문 역할을 함
2004년	장남인 리셴룽이 총리에 취임. 고문장관으로 자문 역할 계속함
	2015년 3월 23일 : 91세를 일기로 타계

리콴유 전 총리는 1976년 11월 12일 싱가포르를 방문한 덩샤오핑 중국 부총리를 만나고 있다.
그는 중국개혁개방 정책 채택에 큰 영향을 미쳤으며 덩샤오핑 이래 시진핑에 이르기까지 모든
중국최고지도자들을 만났다.

2007년 11월 16일. 차기 중국 최고지도자로 선출된 시진핑 중국 정치국 상무위원이 리콴유를
베이징에서 면담하고 있다. 그는 시진핑이 차기 최고지도자로서 만난 최초의 외국인사였다.

리콴유 전 총리가 2009년 10월 29일 미국 워싱턴 백악관에서 오바마 미국 대통령과 환담하고 있다. 린든 존슨 대통령부터 오바마 대통령까지 모든 미국 대통령들이 그의 지혜를 구했다.

2009년 11월 미국 워싱턴에서 열린 미국·ASEAN 경제협의회 회의에서 공로상을 받은 리콴유 전 싱가포르 총리가 수상 소감을 밝힌 후 헨리 키신저 전 미국무장관을 포옹하고 있다. 리콴유 서거에 키신저는 "48년 우정, 내 인생 가장 큰 축복… 잘 가시오 친구"라고 감회를 밝혔다.

리콴유 전 싱가포르 총리가 박정희 전 대통령이 서거하기 전인 1979년 10월 10일 방한하여 박정희 전 대통령과 정상회담을 하였다. 리콴유는 회고록에서 '나는 한국을 성공시키려는 그의 비장한 결의와 강력한 의지에 감명을 받았다. 박정희 대통령이 아니었더라면 한국은 공업국가가 될 수 없었을 것이다'라며 박정희 전 대통령을 높이 평가하였다. 또 그는 아시아의 3대 지도자로 덩샤오핑, 요시다 시게루와 박정희 전 대통령을 들었다.

영부인 역할을 하던 박근혜 대통령이 리콴유 전 총리 내외와 건배를 하고 있다. 박근혜 대통령은 만찬을 할 때 통역을 직접 담당하였다. (국가기록원 제공)

박근혜 대통령이 리콴유 전 총리 내외와 공연을 보며 박수치고 있다. (국가기록원 제공)

싱가포르를 방문 중인 김대중 전 대통령이 2000년 11월 25일 리콴유 싱가포르 선임장관과 환담하고 있다. 1994년 민주주의와 아시아적 가치를 놓고 Foreign Affairs지를 통해 날카로운 논쟁을 벌인 바 있다. (본서 215-216 페이지 참조)

싱가포르를 방문 중인 한나라당 박근혜 전 대표가 2008년 7월 15일 리콴유 전 총리와 환담하고 있다.